Evaluación de la importancia económica del sector de las reuniones

Una Extensión de la Cuenta Satélite de Turismo

Evaluación de la importancia económica del sector de las reuniones –
Una extensión de la Cuenta Satélite de Turismo
ISBN-13: 978-92-844-1197-9

Publicado e impreso por la Organización Mundial del Turismo, Madrid (España)
Primera edición, 2007

Organización Mundial del Turismo
Calle Capitán Haya, 42
28020 Madrid, España
Tel.: (+34) 915 678 100
Fax: (+34) 915 713 733
Sitio Web: www.unwto.org
Email: omt@unwto.org

Índice

 - ISBN 978-92-844-1197-9

Agradecimientos

La publicación de este estudio sobre el Turismo de Reuniones constituye el resultado de una fructífera colaboración desarrollada entre la Organización Mundial del Turismo (OMT) y los Miembros Afiliados Reed Travel Exhibitions, International Congress & Convention Association (ICCA) y Meeting Professional International (MPI).

Dado el interés común en el mejor conocimiento de la industria turística y de todos los elementos que contribuyen al desarrollo del Turismo en general, el Departamento de Estadísticas y Evaluación Económica del Turismo de la OMT y el Consejo Empresarial de los Miembros Afiliados, atendieron la preocupación planteada por estos Miembros sobre cómo medir la conexión turística de la industria de reuniones y hasta qué punto podría el marco conceptual de la Cuenta Satélite del Turismo explicitar esa conexión en una perspectiva macroeconómica consistente con el marco de medición y análisis de la Contabilidad Nacional de aquellos países en los que la actividad de esta industria sea relevante.

Se sentaron así las bases para el desarrollo de un intenso trabajo que ha llevado a cabo con enorme profesionalidad el equipo de expertos de Sustainable Tourism Cooperative Research Centre (STCRC) de Australia, formado por Margaret Deery, Leo Jago, Larry Dwyer, Ray Spurr and Liz Fredline, que ha contado en todo momento con el apoyo de las entidades colaboradoras. De hecho, el trabajo realizado por STCRC "The national business events study: An evaluation of the Australian business events industry", publicado en 2005 ha sido un referente importante para este nuevo estudio.

Desde aquella perspectiva, el estudio constituye el punto de partida de una tarea más larga que, con el esfuerzo de las partes implicadas, contribuirá a ampliar y reforzar el reconocimiento público de esta industria que tan enorme despegue ha alcanzado en los últimos años, impulsando un segmento turístico de primer orden.

No quisiéramos tampoco dejar de mencionar el destacado papel que ha tenido la labor de coordinación realizada por Jens Jensen, en un principio, desde su responsabilidad dentro del Consejo Empresarial y, en la última etapa, como experto conocedor de la materia, que ha permitido dar la coherencia necesaria al estudio en el marco de los objetivos del programa del Consejo Empresarial de los Miembros Afiliados de la OMT.

Y, por último, nuestro reconocimiento a la labor de edición realizada por Stan Fleetwood (Australia), consultor de la OMT, que ha aportado su completo conocimiento de la Cuenta Satélite de Turismo en la revisión final de este estudio.

Madrid, Noviembre de 2006

Victoria Marcos
Directora Ejecutiva Miembros Afiliados

Antonio Massieu
Jefe del Departamento de Estadísticas y Evaluación Económica del Turismo

 - ISBN 978-92-844-1197-9

Resumen final

En los últimos decenios, el sector de las reuniones se ha convertido en un sector que contribuye de forma significativa a las economías nacionales. Se considera un componente importante y creciente de la industria turística, entre otras, aunque existen pocos datos fiables y coherentes que apoyen esta percepción. Debido a la falta de datos y conceptos y de definiciones coherentes, es imposible evaluar con exactitud este sector, por lo que no se ha podido demostrar su valor de manera creíble.

En un intento por colmar esta laguna, los Miembros Afiliados de la OMT Reed Travel Exhibitions y la Asociación Internacional de Congresos y Convenciones (ICCA), en cooperación con Meeting Professionals International (MPI), tomaron la iniciativa de alentar a la OMT a centrarse en mayor medida en el sector de las reuniones y, en colaboración, a realizar un estudio que condujera a la formulación de propuestas para mejorar la CST de forma que refleje la importancia real del sector de las reuniones y su contribución al turismo *(Meetings Industry Terms of Reference*, pág. 1).

De hecho, el turismo se enfrentó al mismo problema de no poder demostrar su valor, por lo que se elaboró la CST. El presente estudio es una primera e importante contribución sobre el modo en que la CST podría utilizarse como instrumento analítico para evaluar la conexión del turismo con el sector de las reuniones. Sin embargo, a fin de obtener cifras comparables, el sector de las reuniones tendrá que redoblar sus esfuerzos para:

1. determinar las definiciones y conceptos apropiados que deben evaluarse,
2. identificar una lista de artículos (servicios) apropiados para su inclusión, y
3. promover la recopilación de datos y cooperar en esta labor, desde la perspectiva tanto de la oferta como de la demanda.

Objetivos del estudio

El objetivo del presente estudio es analizar si es posible y cómo adaptar el marco conceptual de la CST a la evaluación del sector de las reuniones. Este enfoque puede proporcionar un marco analístico que permita evaluar en términos macroeconómicos los diferentes subsectores del turismo en el marco global de la contribución económica del turismo a la economía.

Los objetivos específicos del estudio son proporcionar un entendimiento del sector global de las reuniones, prestando particular atención a la evaluación de su importancia económica. Los tres componentes clave del informe son los siguientes:

a) presentar una visión general de la evaluación actual del sector global de las reuniones y de las lagunas inherentes a la misma, incluida la cuestión de las definiciones de las reuniones,

b) proporcionar un resumen de los datos del lado de la oferta y de la demanda que deberían recopilarse para evaluar el sector de las reuniones, utilizando para ello el marco conceptual y de evaluación de la Cuenta Satélite de Turismo (CST), y

c) examinar la utilización de estos datos al elaborar un modelo para evaluar la contribución económica del sector de las reuniones en términos macroeconómicos.

¿Qué es una Cuenta Satélite de Turismo?

La Cuenta Satélite de Turismo (CST) es un marco de evaluación, basado en conceptos, definiciones y clasificaciones del Sistema de Cuentas Nacionales (SCN), elaborado para proporcionar una evaluación creíble de la contribución económica de la industria turística.

Las cuentas nacionales estiman la contribución económica de los sectores que se especifican en la clasificación oficial de sectores de un país. Estas clasificaciones suelen basarse en el código de la Clasificación Industrial Internacional Uniforme (CIIU) (aunque algunos países tienen sus propios sistemas de clasificación). Por lo general, los sectores se definen como grupos de empresas que ofrecen un producto similar.

El turismo es una actividad que depende de la demanda (es decir, depende más bien de la categoría del consumidor que del tipo de proveedor), por lo que no se identifica en la CIIU o en las cuentas nacionales de los países. La CST extrae toda actividad económica relacionada con el turismo que se incluye en las cuentas nacionales, pero que no se identifica como actividad turística. La actividad turística queda "oculta" en las actividades de los sectores pertinentes, por ejemplo, el sector del alojamiento, el transporte y las agencias de viajes. Esta actividad se identificará y compilará en una cuenta independiente pero relacionada, es decir, una cuenta satélite de las cuentas nacionales fundamentales. Un aspecto importante de este enfoque es que la CST es una parte oficial de las cuentas nacionales, y utiliza conceptos, definiciones, valoraciones y sistemas de clasificación similares. Esto significa que, por primera vez, es posible contar con un criterio de evaluación oficial, objetivo y creíble de la industria turística, comparable con otras industrias.

Fundamentalmente, la CST identifica los sectores característicos del turismo, es decir, aquellos que desaparecerían o se reducirían sustancialmente si el turismo no existiera. La CST identifica la producción, los costos, el valor añadido (VAB) y el empleo totales de dichos sectores (la cuenta de producción), de un modo similar a la información proporcionada sobre todos los sectores en el SCN principal. En las encuestas a los visitantes se identifican las compras de productos que pueden estar relacionadas con la producción de sectores característicos (y otros). Para cada sector se calcula un ratio turístico que corresponde al porcentaje de la producción de cada sector característico del turismo que puede atribuirse a las compras efectuadas por los visitantes. Estos ratios turísticos se aplican a las cuentas de producción de los sectores característicos del turismo, al objeto de calcular el valor de estas variables que contribuyen a la demanda turística.

Con frecuencia, los resultados se dividen para mostrar la contribución del turismo nacional e internacional y del turismo de ocio y de negocios (incluido el gobierno).

La CST sólo evalúa las transacciones realizadas directamente entre el visitante y el proveedor de los bienes y servicios. Es decir, sólo se incluyen criterios de evaluación de la contribución económica "directa" de la industria turística. Sin embargo, existen otras contribuciones derivadas de la demanda turística (como los efectos indirectos e inducidos). Estos efectos "antecedentes" se derivan de la demanda, por parte de las empresas que prestan directamente servicios a los visitantes, de las aportaciones de otras empresas. Por ejemplo, un hotel necesita servicios de provisión de alimentos, electricidad y posiblemente servicios de limpieza, etc. Los sectores que ofrecen estos productos también se benefician de la demanda turística.

La industria turística puede afirmar con razón que esta contribución indirecta del turismo es parte de su contribución total a la economía. Los efectos indirectos pueden calcularse utilizando técnicas de modelación.

Al señalar la contribución de un sector, o de una industria como el turismo, a la economía, es importante especificar si la contribución sólo incluye los efectos directos, o si también incluye los efectos indirectos e inducidos. Esto también es pertinente al evaluar la contribución del sector de las reuniones. Si esta evaluación se basa en la CST, entonces el resultado sólo mostrará la contribución directa, por lo que será necesario realizar otros análisis para calcular los demás tipos de efectos.

Método

Los consultores recopilaron los datos necesarios para notificar los resultados del estudio a través de una búsqueda bibliográfica exhaustiva, seguida de amplias comunicaciones con expertos del sector.

En el marco de esta búsqueda bibliográfica exhaustiva, se estudiaron informes sobre el sector, estadísticas nacionales, incluida la CST, y artículos académicos centrados en conferencias, reuniones, exposiciones y viajes de incentivo. En particular, la búsqueda se centró en el tipo de estadísticas recopiladas, en el método seguido para su recopilación y en el uso de la información obtenida.

Esta búsqueda bibliográfica se complementó con amplios debates con expertos del sector y con amplias consultas con organizaciones como la OMT y la ICCA.

Los expertos del sector siguen necesitando una lista de productos identificados proporcionada por el sector de las reuniones para poder elaborar métodos con miras a clasificar y evaluar dichos productos en términos de ingresos obtenidos.

Se ha elaborado una lista provisional por sectores, representada por la Asociación Internacional de Organizadores de Congresos (IAPCO)[1], a partir de la cual podría elaborarse una lista a efectos de evaluación, que incluya, entre otros muchos, los siguientes elementos:

- asistencia en materia de concursos para la organización de congresos
- consultoría financiera
- secretaría y equipo de oficina
- gestión de comunicaciones breves
- transferencias de delegados y transporte en el lugar
- reservas de alojamiento

Resultados clave

Tendencias del sector de las reuniones

El sector de las reuniones tiene dificultades para obtener datos coherentes y creíbles sobre las tendencias, debido a la plétora de definiciones que existen de los diferentes componentes del sector. El sector necesita definiciones y conceptos coherentes que puedan ser ampliamente utilizados por sus miembros.

Sin embargo, al analizar el sector de las reuniones internacionales, se observan algunas tendencias. El sector parece haber atravesado un período de decadencia a principios de 2000, pero se recuperó en 2005. Esto concuerda con la noción de que el sector de las reuniones es cíclico, con ciclos de cinco años. Otras "tendencias" que revelan los datos son las siguientes:

- si bien el número de eventos entre 2000 y 2004 ha disminuido, el número de participantes en estos eventos parece haber aumentado,
- la duración de todos los eventos, inclusive exposiciones, convenciones y viajes de incentivo, parece haberse reducido,
- el número de expositores y exposiciones está aumentando,
- el número de nuevos competidores en el sector de las reuniones, como los establecidos en China y Dubai, está incrementándose, y
- el segmento de los viajes de incentivo sigue siendo el componente más lucrativo del sector de las reuniones, pero también el más volátil.

---

1 Extracto del anexo A, *How to Choose the right PCO,* copyright, IAPCO, 4ª edición, marzo de 2005

Criterios de evaluación fundamentales del sector de las reuniones

Existen dos tipos de criterios de evaluación al estimar la contribución económica de las actividades relativas a las reuniones para los que se requiere información:

- Los *criterios de evaluación desde la perspectiva de la oferta* del sector incluyen variables como los ingresos (representados por las cuotas de inscripción y las comisiones), los costos, el valor añadido y el empleo. Las empresas pueden identificarse, por ejemplo, utilizando la clase 823 recientemente creada de la CIIU (Clasificación Industrial Internacional Uniforme). Además de las empresas cuya actividad principal es ofrecer servicios de reuniones, es importante incluir otras empresas pertinentes que prestan dichos servicios como actividad secundaria, por ejemplo, los organismos gubernamentales que producen estos servicios, los establecimientos hoteleros, etc. Estas variables son los componentes fundamentales para evaluar la contribución de este sector al PIB.

- Los *criterios de evaluación desde la perspectiva de la demanda* incluyen variables como los gastos incurridos por los participantes en las reuniones en servicios específicos prestados por el sector de las reuniones u otros sectores. Las variables no monetarias que deben relacionarse con los datos sobre los gastos incluyen el número de participantes, la duración de las reuniones, el número de pernoctaciones en hoteles u otros establecimientos de alojamiento, la distancia recorrida para llegar al lugar de la reunión y el tamaño del grupo de viaje.

Para obtener una visión global del sector es necesario evaluar ambas dimensiones. Un enfoque que sólo tenga presente la demanda no identifica la contribución del sector a la economía (por ejemplo, las cuentas de producción), mientras que un enfoque basado en la oferta no identifica los gastos de los participantes en productos adquiridos de otros sectores (por ejemplo, el sector del alojamiento, el sector del transporte, etc.) durante su participación en la reunión.

Hasta ahora no se ha mencionado en el presente informe la posibilidad de añadir la dimensión regional al análisis. Este aspecto es muy importante en algunos países, ya que el tipo de reuniones celebradas puede variar considerablemente entre las distintas regiones de un país. La contribución del sector al PIB regional y al empleo puede variar.

Los datos sobre el sector de las reuniones pueden recopilarse a través de cuatro tipos principales de organismos:

- los organismos mundiales que son grupos específicos del sector, como la ICCA, MPI, SITE, la UIA y Reed Exhibitions, por ejemplo, en informes como *FutureWatch* (MPI) y *Five Year Trends Report* (EIBTM),

- las oficinas nacionales de estadística, por ejemplo, a través de encuestas a empresas destinadas a hoteles, empresas que alquilan sus instalaciones para reuniones y otros sectores pertinentes,

- otros organismos gubernamentales, por ejemplo, en *US Business Traveller to Canada Study Summary* 2002 (Comisión Canadiense de Turismo),

- las oficinas de convenciones, como la Oficina de Convenciones de Finlandia y la Oficina de Convenciones de Sri Lanka, que elaboran informes. También se obtiene información a través de centros a nivel regional y municipal.

Otras encuestas – ya sean encuestas específicamente diseñadas o encuestas existentes a las que se añaden algunas preguntas – se realizan a miembros de asociaciones del sector (como la IAPCO), a fin de conocer sus opiniones o de estudiar los posibles tipos de datos que podrían recopilarse.

En algunos países y regiones se han realizado estudios económicos sobre el sector de las reuniones, algunos de los cuales se han considerado erróneamente estudios sobre "los efectos económicos", aunque es probable que sean estudios sobre la contribución económica o sobre la estimación de los gastos. En el marco del presente estudio se examinaron doce estudios detallados del sector de las reuniones realizados en los tres últimos años. En el cuadro 1 se proporciona un resumen de los estudios y categorías que se utilizaron.

Cuadro 1 Resumen de los estudios y categorías del sector de las reuniones utilizados

Origen del estudio del sector de las reuniones	Categorías del lado de la demanda utilizadas en el estudio	Categorías del lado de la oferta utilizadas en el estudio
Australia, Reino Unido, Canadá, España, Estados Unidos, Finlandia, Francia, Hungría, Israel, Noruega, Países Bajos, Sri Lanka	• Cuota de inscripción • Tipos de servicios comprados por empresas o particulares, por ejemplo, transporte local por carretera, alojamiento durante la conferencia, • alojamiento antes y después de la conferencia • visitas turísticas antes y después de la conferencia • gastos adicionales incurridos por los acompañantes • restaurantes y cafeterías • billetes de avión • compras	• Volumen de ventas de los OPC, las OGD y los organizadores de eventos • gastos y comisiones por ingresos de los organizadores • tipos de servicios prestados por los organizadores.

Recomendaciones en materia de recopilación de datos sobre el sector de las reuniones

1. Organismo encargado de la recopilación de datos

   Los organismos gubernamentales deberían encargarse del acopio de datos como parte del proceso de compilación de estadísticas nacionales. De este modo aumentará la credibilidad de las estadísticas, ya que se considerarán criterios objetivos y fiables que utilizan los mismos conceptos y definiciones que otros datos sobre el sector. Para colaborar con estos organismos, las asociaciones nacionales del sector de las reuniones deberían identificar los tipos de datos que necesitarán para su sector. Éstos deberían incluir una lista de los servicios prestados, así como una lista de otros sectores que puedan prestar servicios como producto secundario (identificados en otros lugares de la clasificación industrial).

   Si este enfoque no es posible, entonces las oficinas de convenciones (o entidades equivalentes) deberían encargarse del acopio de datos.

2. Tipos de datos que deben recopilarse

   Todas las partes interesadas deben estudiar atentamente y definir los datos que se deben reunir. También deberá consultarse al respecto a las partes a las que se soliciten datos tanto del lado de la oferta como de la demanda.

   • Perspectiva de la demanda:

     - número total de participantes (locales, es decir, no visitantes), visitantes internos, visitantes internacionales),
     - gastos de los delegados: cuotas de inscripción (gastos totales, promedio de gastos diarios y gastos desglosados por productos),
     - características de los participantes (por ejemplo, origen, características demográficas, tamaño del grupo de viaje, actividades),
     - características del viaje (organización, duración, prolongaciones).

- Perspectiva de la oferta:
    - número de reuniones, inversiones en instalaciones, Valor Bruto Añadido, empleo, número de empresas que intervienen en el sector de las reuniones.

Recomendaciones sobre las definiciones del sector de las reuniones

Un problema importante que plantean los estudios arriba mencionados es que suelen utilizar definiciones diferentes e incluir componentes diferentes del sector. Tras examinar las numerosas definiciones adoptadas por diversas organizaciones, se recomiendan las siguientes para el sector de las reuniones.

Cuadro 2 Definiciones recomendadas del sector de las reuniones y fundamento de las definiciones

Cuestión	Recomendación	Fundamento
Nomenclatura del sector	Sector de las reuniones	Este nombre representa el lado de la oferta. Cuenta con el apoyo de participantes clave en el sector.
Objetivos de la reunión	Para motivar a los participantes, hacer negocios, intercambiar ideas, aprender, hacer vida social y celebrar debates.	Estos objetivos, u objetivos similares, fueron los señalados con más frecuencia en la bibliografía académica y sobre el sector.
Tamaño de la reunión	Un mínimo de diez participantes	Muchas organizaciones encargadas de las reuniones utilizan este número.
Lugar de la reunión	Lugares en los que se paga por utilizar el lugar de las reuniones	Cuando se paga para utilizar un lugar de reunión contratado, se contribuye a la economía.
Duración de la reunión	Medio día (cuatro horas) o más	Aunque puede que no sea necesario establecer una duración mínima, el límite de cuatro horas proporcionará un umbral práctico y razonable para justificar el acopio de datos.

Como se señala en el cuadro 2, algunas definiciones, como el tamaño de la reunión, no son realmente necesarias para evaluar la contribución económica del sector de las reuniones. Los criterios mínimos esenciales son los objetivos de la reunión y el lugar de la reunión.

Una propuesta reciente de la OMT para incluir un nuevo código 8230, "Organizadores de convenciones y ferias comerciales", en la Clasificación Industrial Internacional Uniforme (CIIU), representa un nuevo paso importante para alcanzar un acuerdo sobre el ámbito del sector de las reuniones.

- Esta clase incluye la organización, promoción y/o gestión de eventos, como ferias empresariales y comerciales, convenciones, conferencias y reuniones, con independencia de que incluyan la gestión y el suministro del personal necesario para explotar las instalaciones en las que tienen lugar estos eventos.

En la actualidad, a consecuencia de la inclusión de la actividad 8230 en la CIIU, es posible identificar los establecimientos que se encargan de organizar ferias comerciales (como su actividad principal). Ahora podemos tener una visión global de todos los establecimientos dedicados a la organización de convenciones y ferias comerciales, con una cobertura mucho más amplia que antes. Anteriormente, todas estas actividades se tenían en cuenta al realizar una evaluación macroeconómica, pero no era fácil identificarlas por se parado.

Problemas actuales que plantea la evaluación del sector de las reuniones

La contribución económica del sector de las reuniones a nivel internacional parece considerable, pero su evaluación plantea algunos problemas importantes y, en consecuencia, su comparabilidad. Estos problemas en materia de evaluación, que afectan a los criterios de evaluación del lado tanto de la oferta como de la demanda, surgen por las siguientes razones:

- en la actualidad, las clasificaciones industriales uniformes (por ejemplo, la CIIU) no identifican un sector de las reuniones independiente,
- los datos reunidos son muy diversos e incoherentes,
- las estadísticas se basan en diferentes criterios de evaluación de los datos desde la perspectiva tanto de la oferta como de la demanda,
- los datos se crean con objetivos diferentes y utilizando distintas metodologías, por lo que no pueden compararse,
- la calidad de la recopilación de datos no suele estar a la altura de unas normas estadísticas estrictas, por lo que la fiabilidad de los datos es cuestionable.

El sector de las reuniones tiene que desplegar esfuerzos en el futuro para asegurar una mayor coherencia de las definiciones y métodos.

Limitaciones en la utilización de la CST existente para evaluar la contribución económica del sector de las reuniones

En la CST, los productos son aquellos comprados por o para los visitantes. Los productos – que incluyen bienes y servicios – son lo que compran los consumidores. Las actividades (sectores) elaboran productos.

La CST divide los productos en dos categorías, a saber, productos específicos del turismo (incluidos productos característicos del turismo y productos relacionados con el turismo) y productos no específicos del turismo (todos aquellos que no tienen un interés directo para el turismo). En general, los "productos característicos del turismo" son aquellos productos que representan una parte importante del consumo turístico, o cuya venta se destina en gran parte a los visitantes.

Las unidades productivas incluyen actividades/sectores específicos del turismo (inclusive actividades/sectores característicos del turismo y relacionados con el turismo) y actividades/sectores no específicos del turismo (que incluyen todas las demás actividades productivas). Las "actividades características del turismo" son aquellos sectores que desaparecerían en su forma actual o que se verían muy afectados si el turismo dejara de existir.

En el cuadro 3 se especifican estos sectores y productos característicos (OMT).

Cuadro 3 Lista de sectores y productos característicos del turismo[2]

Sectores:	Productos:
1. Hoteles y similares	1. Servicios de alojamiento
2. Segundas viviendas en propiedad (imputada)	2. Servicios de provisión de alimentación y bebidas
3. Restaurantes y similares	3. Servicios de transporte de pasajeros
4. Servicios de transporte de pasajeros por ferrocarril	4. Servicios de las agencias de viajes, tour operadores y guías de turismo
5. Servicios de transporte de pasajeros por carretera	5. Servicios culturales
6. Servicios de transporte marítimo de pasajeros	6. Servicios recreativos y otros servicios de esparcimiento

2 *Cuenta Satélite de Turismo: Recomendaciones sobre el marco conceptual,* División de Estadística de las Naciones Unidas/OCDE /EUROSTAT/OMT

Sectores:	Productos:
7. Servicios de transporte aéreo de pasajeros	7. Servicios turísticos diversos (por ejemplo, servicios financieros y de seguros, servicios de tarjetas de viaje, etc.)
8. Servicios anexos al transporte de pasajeros	
9. Alquiler de bienes de equipo de transporte de pasajeros	
10. Agencias de viajes y similares	
11. Servicios culturales	
12. Servicios deportivos y otros servicios de esparcimiento	

Sin embargo, al aplicar estas listas al sector de las reuniones, existen limitaciones en lo que respecta a su utilización:

- la falta de una definición clara del sector de las reuniones,
- la lista de sectores y productos característicos del turismo no refleja la actividad referente a las reuniones (es decir, los sectores y productos característicos del turismo).

La cuestión subyacente es que la actividad relacionada con las reuniones no puede identificarse explícitamente como un subconjunto de la actividad turística. Por este motivo, la CST no puede utilizarse en su forma actual para proporcionar una evaluación completa del sector de las reuniones. Es necesario modificar la presentación y la recopilación de datos utilizadas actualmente en la elaboración de la CST. Esto es posible desde el punto de vista técnico, pero supondría más gastos, especialmente en materia de acopio de datos, de los que serían necesarios si los resultados actuales de la CST pudieran utilizarse para evaluar la actividad del sector de las reuniones.

Un modo de abordar parcialmente este problema sería añadir el sector de las reuniones a la CST como sector característico del turismo. Esto funcionaría si pudiera estimarse la proporción de la producción del sector de las reuniones que se destina a los visitantes, en lugar de a los residentes locales. Podría establecerse el criterio de que el 25-30% de la producción se destinara a los visitantes. Si no se cumpliera este criterio, entonces el sector de las reuniones podría identificarse por separado en la CST como un caso "especial".

Adaptación de la CST a la evaluación del sector de las reuniones

El nuevo código 8230 recomendado de la CIIU, a saber, "Organizadores de convenciones y ferias comerciales" representa un cambio importante por lo que se refiere a la adaptación de la CST para evaluar el sector de las reuniones. Las clasificaciones de sectores y productos establecidas en los países que han de utilizarse para evaluar la actividad asociada con las reuniones pueden extraerse en el futuro de las normas internacionales, la CIIU y la CCP (Clasificación Central de Productos). En la actualidad, la CCP identifica dos productos, a saber, servicios de organizadores de convenciones y servicios de organizadores de ferias comerciales.

Las nuevas categorías de la CIIU son las siguientes:

- **823 Organizadores de convenciones y ferias comerciales**

  Véase la clase 8230

- **8230 Organizadores de convenciones y ferias comerciales**

  Esta clase incluye la organización, promoción y/o gestión de eventos, como ferias comerciales, convenciones, conferencias y reuniones, con independencia de que incluyan la gestión y el suministro de personal para explotar estas instalaciones en las que tiene lugar estos eventos.

El enfoque de la CST permite evaluar la contribución (del sector) a la economía desde la perspectiva de la oferta a través de la actividad del sector de las reuniones y de otros sectores pertinentes de la CIIU (por ejemplo, el sector del alojamiento), y evaluar asimismo la contribución total de los participantes en las reuniones a través del consumo total de los bienes y servicios asociados con su participación en las mismas. La identificación por separado del sector de las reuniones significa que, tras su aplicación, los organismos de estadística podrán realizar un seguimiento de este sector de igual modo que se supervisan otros sectores de la economía.

Es preciso señalar varios puntos:

1. En la nueva categoría de la CIIU están excluidos algunos tipos de proveedores que pudieran querer considerarse como parte del sector de las reuniones.

   - Los tipos de empresas que posiblemente no estén representadas en el código 8230 de la CIIU incluyen agencias especializadas en viajes de incentivo, así como diversas organizaciones.
   - La gran mayoría de las reuniones tienen lugar sin que se recurra a los servicios de las empresas cuya *principal actividad* es la organización de reuniones, conferencias, convenciones y ferias comerciales. Por lo tanto, al utilizarse el código para definir el sector de las reuniones desde la perspectiva de la oferta, sólo se captará un pequeño porcentaje de la producción de bienes y servicios de las reuniones. También podrá evaluarse la identificación de sectores para los cuales la organización de reuniones es una actividad secundaria.

2. Pueden ofrecerse conjuntos de servicios diferentes y singulares relacionados con las reuniones. Esta característica puede complicar la evaluación. Por lo general, el consumo de servicios de alojamiento, transporte, provisión de alimentación, etc., por parte de los participantes en las reuniones sería una actividad de los sectores pertinentes que prestan estos servicios a los participantes, y no del sector de las reuniones. Sin embargo, esto se complica, por ejemplo, cuando el organizador de la reunión incluye en la cuota de inscripción a la reunión/conferencia el costo del alojamiento, esparcimiento y posiblemente de parte del transporte – servicios que prestará directamente la empresa, y no el organizador de la reunión, al participante en la misma. Esta misma cuestión se plantea cuando un organizador de una exposición cubre los gastos de diversos bienes y servicios facilitados directamente a los participantes con las cuotas de inscripción cobradas a los expositores.

   La pregunta que se plantea es: ¿debería atribuirse a los proveedores de servicios el Valor Bruto Añadido al prestar estos servicios, considerando el conjunto de servicios como un solo producto (conocido como enfoque "bruto") o, en su lugar, atribuirse a los proveedores directos de cada componente del conjunto de servicios, es decir, al sector del alojamiento, el transporte, las atracciones turísticas, etc. (conocido como enfoque "neto")?

   Al compilar la CST, la OMT recomienda adoptar el enfoque "neto". Para ser coherentes con las directrices de la OMT, este enfoque debería adoptarse al evaluar el sector de las reuniones. La posible desventaja de este enfoque es que la aparente contribución económica del sector de las reuniones será inferior a la que indicaría el enfoque bruto. El Valor Bruto Añadido global no se verá afectado, ya que el VBA asociado con la oferta de estos productos se atribuirá al sector proveedor de los servicios (y no al sector de las reuniones). Es importante que el enfoque adoptado sea coherente con las normas oficiales existentes, para asegurar que se acepta este método a la hora de realizar una evaluación objetiva y creíble del sector.

3. La inclusión del nuevo código de la CIIU para el sector de las reuniones no garantiza en sí misma que los organismos centrales de estadística aplicarán el nuevo código, ni que compilarán automáticamente esta información como lo harían para otros sectores. En la mayoría de los casos, la información sobre el sector se recopila a un nivel superior (más de 3 o 4 cifras). Habría que convencer a los organismos para que recopilaran datos sobre dicho sector a este nivel inferior. Esto supondría más costos para los organismos en materia de acopio de datos, por lo que podrían oponerse a ello.

4. Es preciso examinar atentamente la presentación de los resultados estadísticos. La adopción del nuevo código 8230 de la CIIU será útil para aumentar dicha credibilidad si es aplicado por los organismos centrales de estadística, porque mostrará que estos organismos apoyan la evaluación del sector de las reuniones.

Cuestiones estadísticas

Es preciso abordar una serie de cuestiones estadísticas, incluidas las siguientes:

- elaboración de una lista de servicios prestados por los organizadores de reuniones. Algunas de estas listas ya existen y podrían utilizarse,
- debería alentarse a los organismos centrales de estadística a recopilar los datos en sus encuestas anuales a empresas. Esto supondrá costos adicionales y requerirá voluntad/apoyo "político". Es preciso identificar las encuestas a empresas apropiadas, que abarcarían aquellas empresas que elaboran productos primarios para el sector de las reuniones,
- las asociaciones del sector de las reuniones podrían complementar esta información con encuestas de intención empresarial (también llamadas encuestas de opinión o de expectativa del sector empresarial, o encuestas de condición o de clima empresarial) que recopilan información cualitativa facilitada por los directores de las empresas sobre una base mensual/trimestral,
- el nuevo código 8230 de la CIIU no resuelve necesariamente todos los problemas que plantean los datos del lado de la oferta. El sector debería identificar lo que falta,
- muchas reuniones se celebran sin que se recurra a un organizador profesional de reuniones. El código 8230 de la CIIU puede no incluir:
  - agencias especializadas en viajes de incentivo,
  - organizadores de exposiciones (quizá),
  - contratistas de exposiciones,
  - oficinas de oradores,
  - esparcimiento orientado a las empresas,
  - empresas de restauración, y
  - hoteles que albergan reuniones, pero que no se consideran a sí mismos especialistas en reuniones.

Otra cuestión se refiere al modo en que se presentarían los resultados de toda evaluación del sector de las reuniones. En la práctica, las opciones se limitan a las siguientes:

1. incorporados a la CST, de tal modo que "el sector de las reuniones" se identifique como otro sector turístico,
2. incorporados al marco de la CST como una serie complementaria de cuadros en los que se identifique específicamente la actividad relativa a las reuniones, o
3. como una cuenta satélite independiente.

Por lo tanto, existen tres opciones.

La primera opción supone que el sector de las reuniones es una actividad característica del turismo, como el alojamiento, el transporte de pasajeros, las agencias de viajes, etc. No se ha demostrado que éste sea el caso, al menos en el plano nacional. El sector de las reuniones no es un subconjunto claro de la industria turística – de hecho, el nuevo código 8230 de la CIIU abarcará la actividad realizada por los organizadores de conferencias en nombre de los participantes en las reuniones y conferencias que residen en el lugar en que éstas se celebran y de los participantes que visitan el lugar (ya sean visitantes internacionales o internos). Puede que la actividad de algunos organizadores contemplados en este código apenas esté orientada a los "visitantes" tal y como se definen en la CST.

La segunda opción (examinar la conveniencia de realizar una extensión separada pertinente para el sector de las reuniones) parece ser la mejor alternativa. Dicha extensión podría conllevar, por ejemplo, la información habitual sobre el sector desde la perspectiva de la oferta y de la demanda, más otras informaciones y características que no suelen incluirse en la CST. La CST podría ser un instrumento y un marco de apoyo, pero podría contener más información sobre el sector de las reuniones. Aunque no existen referencias para estas extensiones específicas del sector, pueden encontrarse analogías de este enfoque, por ejemplo, en la Balanza de Pagos, como partidas informativas, donde se proporciona información fuera de las directrices específicas de la Balanza de Pagos, pero que sigue interesando a los usuarios. En un caso específico (Canadá), se ha utilizado una partida informativa para facilitar un desglose de los viajes por provincias. En realidad, éste no es un componente de la Balanza de Pagos. Proporciona más detalles sobre la compilación habitual de la Balanza de Pagos y facilita otras informaciones útiles. (Este análisis podría realizarse para cualquier sector en el SCN, en el que existen y son importantes algunas características descriptivas, pero que no se incluyen en los requisitos específicos del SCN). En este contexto, el sector de las reuniones podría utilizar la sinergia del marco de la CST, y añadir información adicional que revista particular interés como partida informativa. El propio sector podría facilitar más detalles sobre estas características.

Los cuadros que se elaborarán como complementos de los principales cuadros de la CST podrían ser del estilo de la CST: RMC (consumo por productos y categorías de visitantes, y cuentas de producción para el sector). A continuación se facilitan ejemplos de dichos cuadros, utilizando como ejemplo la *Cuenta Satélite de Turismo: Recomendaciones sobre el marco conceptual* y algunos datos hipotéticos.

El sector de las reuniones contribuiría de un modo muy valioso al debate, examinando estas propuestas antes de identificar la alternativa óptima para su situación específica.

Por último, la tercera opción, aunque tal vez sea idónea desde la perspectiva del sector, es improbable que sea aceptada por los organismos de estadística, al menos hasta que tomen conciencia de la importancia que reviste el sector.

Resumen

Grandes pasos metodológicos propuestos

Este método propuesto está relacionado con la evaluación de la contribución económica a nivel nacional. Se basa en la Cuenta Satélite de Turismo y es una extensión de la misma.

Como se ha indicado más arriba, puede que una perspectiva regional sea importante, ya que la actividad referente a las reuniones puede variar considerablemente entre las regiones de un país. En algunas regiones, el sector de las reuniones puede ser suficientemente importante como para considerarlo parte de la industria turística, mientras que éste puede no ser el caso en otras regiones.

Deben darse los pasos siguientes:

1. Delimitar el ámbito del sector y de los participantes en las reuniones.
2. Identificar las necesidades en materia de datos desde la perspectiva tanto de la oferta como de la demanda.
3. Elaborar métodos para la recopilación de datos.
4. Velar por que la organización supervisora sea, en la medida de lo posible, la Oficina Nacional de Estadística.
5. Incorporar los datos a la Cuenta Satélite de Turismo (CST).

6. Asegurar que los resultados muestren, como mínimo: (1) el valor del consumo desde la perspectiva de la oferta derivado de la actividad asociada con las reuniones, y (2) el modo en que la actividad relativa a las reuniones contribuye al Valor Añadido Bruto (y/o al PIB) de un país.

En la sección 5.1 se proporciona más información sobre el método propuesto.

Otras cuestiones que deben considerarse

A lo largo del presente informe, hemos señalado muchas cuestiones que deben ser examinadas ulteriormente, fundamentalmente por el sector de las reuniones en colaboración con los expertos técnicos pertinentes.

A continuación se resumen las principales cuestiones que debe examinar el Comité Directivo para realizar progresos en este ejercicio:

1. consultar con los expertos técnicos y otros organismos internacionales pertinentes cómo puede adoptarse un método internacional uniforme, basándose en los resultados del presente informe,
2. llegar a un acuerdo sobre el ámbito del sector,
3. ¿cómo se "incluirán" las asociaciones nacionales del sector en este ejercicio para apoyar activamente la evaluación del sector en su país?
4. ¿cómo se alentará a las asociaciones nacionales del sector a educar a sus miembros y a otros participantes en el sector para que apoyen activamente la aplicación de la evaluación?
5. ¿cómo se convencerá a los participantes en el sector para que colaboren activamente y contribuyan a la aplicación de la evaluación adoptada de su sector?

En la sección 5.2 se proporciona más información sobre estas cuestiones.

Informe principal

Capítulo 1

Introducción

1.1 Objetivos del estudio

En este informe se exponen a grandes rasgos algunas medidas que podrían adoptarse para pasar revista a las características del sector de las reuniones, utilizando el modelo analítico de la Cuenta Satélite de Turismo (CST) que mostraría la importancia de este sector e identificaría cómo se podría definir y evaluar. La utilización de la CST es positiva en la medida en que establece un marco analítico que proporcionaría resultados creíbles para el sector de las reuniones. Esto sería de gran valor teniendo en cuenta que el sector se propone señalar a la atención de los gobiernos su importancia económica.

Más específicamente, el informe tiene por objeto facilitar un entendimiento del sector global de las reuniones, prestando particular atención a la evaluación de su importancia económica.

Los tres objetivos principales del informe son los siguientes:

a. presentar una visión general de la evaluación actual del sector global de las reuniones y de las lagunas inherentes a la misma, incluida la cuestión de las definiciones de las reuniones,
b. proporcionar un resumen de los datos del lado de la oferta y de la demanda que deberían recopilarse para evaluar el sector de las reuniones, a través de una Cuenta Satélite de Turismo (CST), y
c. utilizar estos datos al elaborar un modelo para evaluar la contribución económica del sector de las reuniones.

1.2 Antecedentes del estudio

La competencia por el dólar turístico es cada vez más intensa, y los países de todo el mundo están desplegando esfuerzos por aumentar su competitividad a través de la actividad turística como nicho de mercado. Las reuniones y los eventos empresariales son una de las actividades de este nicho de mercado que contribuyen considerablemente al Producto Interno Bruto y al Producto Regional Bruto, así como a la creación de marcas y a la sensibilización de los destinos turísticos. Si bien la industria turística reconoce cada vez más los beneficios de las reuniones y los eventos empresariales, la magnitud e importancia de este sector no se reflejan sistemáticamente en las estadísticas oficiales. Las oficinas nacionales de estadística no suelen incluir en las estadísticas estructurales y económicas datos sobre las actividades realizadas por los segmentos de eventos empresariales, tales como reuniones, conferencias, exposiciones y viajes de incentivo.

Para responder a la falta de recopilación sistemática de datos y al crecimiento de la actividad relativa a los eventos empresariales, los Miembros Afiliados de la Organización Mundial del Turismo (OMT) Reed Travel Exhibitions y la Asociación Internacional de Congresos y Convenciones (ICCA) – en cooperación con Meeting Professionals International (MPI) –, alentaron a la OMT a emprender un estudio que condujera a la formulación de propuestas para modificar la CST, a fin de que ésta refleje la importancia real del sector de las reuniones y su contribución al turismo. Así pues, la OMT encargó este estudio al centro de investigación australiano Sustainable Tourism Co-operative Research Centre (STCRC).

1.3 Ámbito

La OMT, MPI y la ICCA han elaborado una definición para el proceso de revisión de la Clasificación Industrial Internacional Uniforme (CIIU) de todas las actividades económicas, iniciado recientemente. (La CIIU es el sistema internacional oficial para la identificación de industrias o sectores. Muchos países basan su propio sistema de clasificación industrial en este modelo internacional.)

Partiendo de esta definición, el sector de las reuniones (al que a menudo se hace referencia como sector de las reuniones, viajes de incentivo, conferencias y exposiciones – o sector MICE, por sus siglas en inglés) se ha definido de forma que abarque lo siguiente: actividades basadas en la organización, promoción, venta y lanzamiento de reuniones y eventos; bienes y servicios que incluyen reuniones empresariales, gubernamentales y de asociaciones, y viajes de incentivo de empresa, seminarios, congresos, conferencias, convenciones, exposiciones y ferias.

Aunque esta definición es muy detallada, en la medida en que define los diversos componentes del sector de las reuniones, será preciso perfeccionarla. Se deberán examinar algunas cuestiones, incluidas las siguientes:

- si esta definición sólo se aplica a las instalaciones de conferencias construidas a tales efectos,
- el numero mínimo de participantes en una reunión y la duración de una reunión, y
- el criterio para distinguir las reuniones internacionales.

Éstas y otras cuestiones se examinarán en una sección posterior.

1.4 Estructura

El presente informe se compone de cinco capítulos. A continuación figura el capítulo sobre el método, seguido de un capítulo relativo a cada parte del proyecto tal y como se ha identificado en la reseña del proyecto, y un capítulo final sobre otras medidas que deben adoptarse.

1.5 Método
2.0 Visión global del sector
3.0 El papel y la utilización de la CST en una evaluación
4.0 Marco para una evaluación del sector de las reuniones
5.0 Plan para la adopción de nuevas medidas orientado a las partes interesadas

1.5 Método

Los consultores utilizaron dos métodos para reunir los datos necesarios al objeto de notificar los resultados.

En primer lugar, se realizó una búsqueda bibliográfica exhaustiva en cuyo marco se estudiaron informes sobre el sector, estadísticas nacionales, incluida la CST, y artículos académicos centrados en conferencias, reuniones, exposiciones y viajes de incentivo. En particular, la búsqueda se centró en el tipo de estadísticas recopiladas, en el método seguido para su acopio y en el uso de la información obtenida.

La segunda fase del proyecto conllevó largas entrevistas y debates con expertos del sector, así como amplias consultas con organizaciones como la OMT y la ICCA. Estas entrevistas facilitaron material de gran valor e ideas sobre el sector que confirmaron y ampliaron la información obtenida de los informes y de otras fuentes.

Capítulo 2

Visión global del sector

En la búsqueda de información, se obtuvieron informes de una serie de fuentes del sector de las reuniones, como ICCA, MPI y el Consejo del Sector de las Convenciones (CIC, por sus siglas en inglés), y de organismos de turismo como la OMT. Aunque parte de esta información procede del turismo, se reconoce que las reuniones van más allá del turismo, ya que algunos participantes son residentes locales y no turistas.

También se buscó bibliografía académica pertinente, lo que contribuyó a los resultados obtenidos. El principal objetivo de esta parte del informe es documentar las tendencias observadas en el sector y las prácticas establecidas actualmente para el acopio de datos. Esto conduce a la identificación de lagunas en las estadísticas sobre el sector de las reuniones que dificultan la evaluación coherente y fiable de su importancia económica.

2.1 Tendencias del sector global de las reuniones

El sector de las reuniones tiene tres componentes principales que se examinarán a continuación:

- reuniones y conferencias,
- exposiciones, y
- viajes de incentivo.

De estos tres segmentos clave, el componente de las reuniones y las conferencias se ha examinado con más frecuencia, mientras que los componentes de las exposiciones y los incentivos han sido relativamente poco estudiados. No obstante, se observan muchas incoherencias en el modo en que se evalúan y comunican las reuniones y conferencias, y las tendencias presentadas en este informe ilustran dichas incoherencias.

2.1.1 Tendencias del sector de las reuniones y conferencias

En el estudio realizado por Weber y Ladkin (2004) sobre las tendencias que afectan al sector de las convenciones en el siglo XXI se señala que el crecimiento de la economía del conocimiento ha potenciado el crecimiento del sector de las convenciones. La necesidad continua de información y de actualizar los conocimientos proporciona una base sólida para las convenciones como medio fundamental para la difusión de dichos conocimientos. Una serie de países y de asociaciones de convenciones han reconocido la importancia que revisten las reuniones y convenciones para el crecimiento de la economía del conocimiento, y han tratado de evaluar la magnitud y el ámbito de este sector. El grado de complejidad de estos estudios varía considerablemente.

Sin embargo, estas evaluaciones se han llevado a cabo, lamentablemente, de forma asilada, por lo que resulta difícil comparar los resultados y realizar estimaciones globales. Para mostrar estas dificultades, en el cuadro 1 se proporciona un resumen de algunas de las evaluaciones más recientes del sector.

Cuadro 1 Unas evaluaciones recientes del sector de las reuniones

Informe de evaluación del sector de las reuniones	Fuente y frecuencia del informe	Puntos sobresalientes de la evaluación
State of the Industry 2005	Successful Meetings Bienal	"En los últimos años, el sector de las reuniones en su conjunto se asemejaba a un paciente gravemente enfermo." (pág. 1). 2005 parece un año prometedor, ya que la mayoría de los expertos prevé que aumentarán la magnitud y frecuencia de las reuniones." (pág. 2)
FutureWatch 2004	Meeting Professionals International 2004 (MPI) Anual	"En un indicador positivo para el turismo internacional de negocios, los planificadores estadounidenses prevén que el sector de las reuniones crecerá un 11% en 2004, a saber, el doble que en 2003. Las reuniones internacionales previstas en total por los planificadores europeos son aproximadamente las mismas en 2004 que en 2003. La diferencia estriba en el notable incremento previsto de los viajes a los Estados Unidos; los planificadores europeos estiman que los viajes a destinos estadounidenses aumentarán un 50%, lo que representa un incremento del 9% frente al 6% de todas las reuniones celebradas el año pasado."
International Meetings Statistics for the Year 2004	Unión de Asociaciones Internacionales (UIA) Anual	"Si bien se prevé una estabilización en los dos próximos años, el numero de reuniones ya programadas para 2005 es un 22% inferior a las celebradas durante el mismo período del año pasado, lo que apunta a una disminución para 2005." (pág. 2)
The Realities of Convention Centres as Economic Development Strategy 2005	Brookings Institute Anual	"El mercado de las convenciones en su conjunto está decreciendo de un modo que da a entender que una recuperación o un giro probablemente no favorezcan económicamente a una comunidad determinada, contrariamente a las repetidas previsiones para el sector." (pág. 1)

En la mayoría de estos informes se prevé un crecimiento del sector de las reuniones para 2005 después de algunos años de caída, salvo en el informe presentado por la Unión de Asociaciones Internacionales (UIA). (Según la evaluación realizada por el Brookings Institute se producirá un descenso, pero esta evaluación se llevó a cabo desde la perspectiva del clima de inversión en relación con los centros de convenciones). En el informe de la UIA se señalan los problemas en materia de definición que existen en el sector. Los criterios establecidos por la UIA para que una reunión sea considerada internacional son los siguientes:

- 300 participantes como mínimo,
- una duración de al menos tres días, y
- asistencia de representantes de al menos cinco países diferentes.

Este tipo de definiciones sólo permite reunir datos a partir de un grupo seleccionado de reuniones, y no proporciona una visión más general del sector. En muchos aspectos, esta definición desfavorece el sector de las reuniones, ya que reduce el ámbito de la actividad del sector.

Sin embargo, en un informe realizado anualmente por la ICCA, *International Association and Corporate Meetings Market: Statistics Report,* se trata de aportar coherencia a la presentación de informes sobre el sector de las reuniones, y la definición de reuniones internacionales[1] utilizada por la

1 La ICCA define las reuniones internacionales como aquéllas que tienen como mínimo 50 participantes, se celebran con regularidad y presentan una rotación entre al menos tres países distintos.

ICCA ha sido adoptada por la OMT al recopilar datos sobre el sector de las reuniones para su publicación *Tendencias de los mercados turísticos*. Según esta definición, las reuniones internacionales son aquellas que tienen al menos 50 participantes, que se celebran regularmente y que rotan entre al menos tres países diferentes. Los datos acopiados en los informes anuales de la ICCA se han recabado y resumido en el presente informe para facilitar algunos datos sobre las tendencias observadas en el sector.

2.1.1.1 Tendencias del sector de las reuniones internacionales

2.1.1.1.1 Demanda

En los estudios realizados por la ICCA sobre las Tendencias del sector de las reuniones internacionales se proporcionan datos longitudinales coherentes sobre este componente del sector. Los datos son importantes porque utilizan una definición coherente y se obtienen de las seis regiones turísticas mundiales de la OMT. Al utilizar estos datos, pueden examinarse las tendencias observadas con el tiempo y en los distintos lugares, y armonizar el sector de las reuniones con la industria turística. Esto permite comparar, por ejemplo, los visitantes de las reuniones con los visitantes de ocio. En el gráfico 1 se muestra el número de reuniones internacionales celebradas en todo el mundo en el período 2000-2004.

Gráfico 1 Número de reuniones internacionales por región (estadísticas de la ICCA, adoptado de OMT), 2000-2004

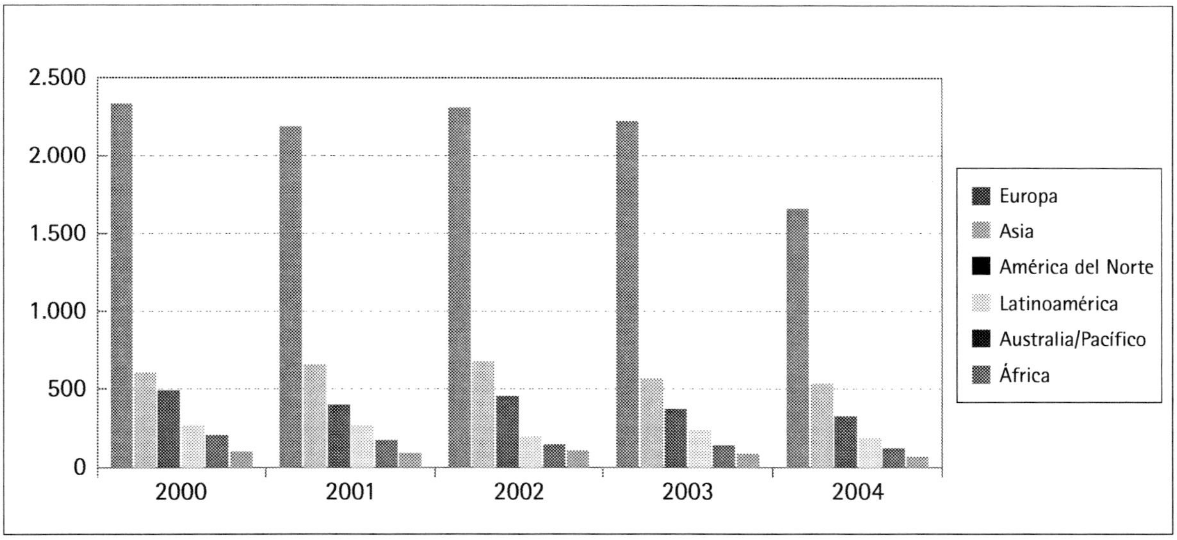

Fuente: Estadísticas de la ICCA adaptadas a partir de las de la OMT, 2005, *Basic Introductory Report: The Meeting Conventions Market in the Americas,* Seminario Internacional sobre Turismo de Congresos y Convenciones y Turismo de Negocios, Organización Mundial del Turismo, Chile, 25-26 de mayo de 2005.

Como se muestra en el gráfico 1, el número de reuniones internacionales parece haber disminuido en los cinco últimos años. Esta caída es particularmente destacada en Europa, aunque cada región muestra un descenso.

Sin embargo, se considera que el sector de las reuniones es de naturaleza cíclica (Weber y Ladkin, 2004; OMT, 2005). Partiendo de esta base, en el informe de la OMT se señala que 2000 es el año en el que se registran los niveles máximos en un ciclo de cinco años. También se indica que los resultados del informe de la ICCA para 2005 muestran un fuerte incremento del número de reuniones y que *"todo parece apuntar a que 2005 [...] será un año excelente – el mejor desde los niveles máximos registrados en 2000 en todo el mundo"* (pág. 3).

Al señalar los motivos de esta variación en el sector, en el informe se indica que la economía mundial experimentó una caída general; los efectos de eventos como los del 11 de septiembre, el SRAS y la guerra de Irak redujeron el turismo, y hubo restricciones presupuestarias en algunas industrias importantes, como la farmacéutica.

Aunque parece que el número de eventos se ha reducido durante el período 2000-2004, el número de asistentes a las reuniones parece haberse incrementado. En el gráfico 2 se muestra la tendencia con respecto al número de asistentes a las reuniones internacionales.

Gráfico 2 Promedio de participantes en las reuniones por región (estadísticas de la ICCA, adaptado de OMT), 2000-2004

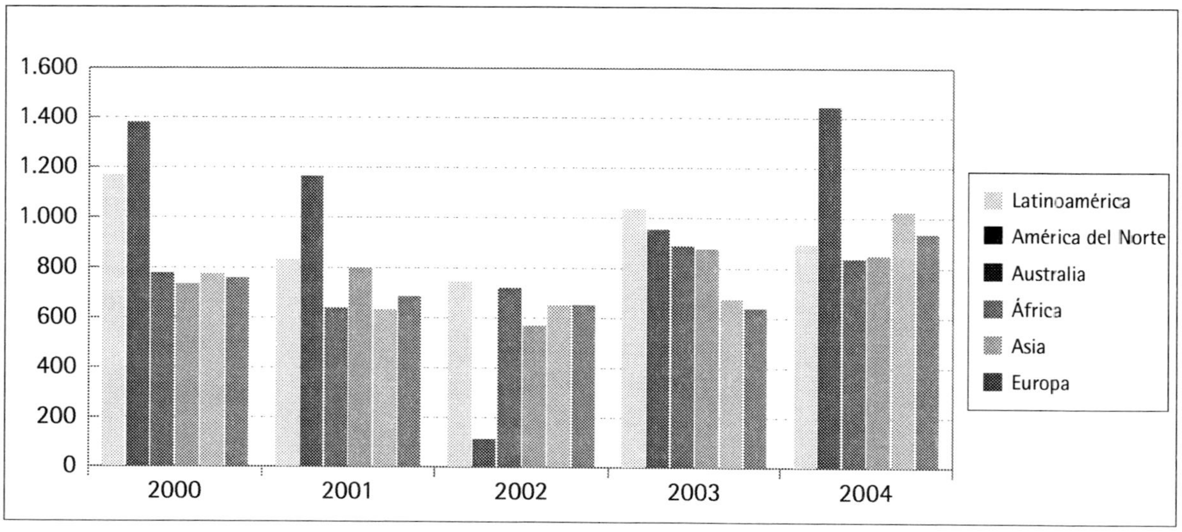

Fuente: Estadísticas de la ICCA adaptadas a partir de las de la OMT, 2005, *Basic Introductory Report: The Meeting Conventions Market in the Americas*, Seminario Internacional sobre Turismo de Congresos y Convenciones y Turismo de Negocios, Organización Mundial del Turismo, Chile, 25-26 de mayo de 2005.

El número de asistentes a las reuniones internacionales celebradas en América del Norte se incrementó considerablemente en 2004, tras el continuo descenso experimentado desde 2000. Fuentes del sector señalan que las dificultades para obtener un visado al objeto de entrar en los Estados Unidos pueden haber contribuido a esta reducción, y que estas restricciones se redujeron en 2004. En 2004, el número de participantes en las reuniones internacionales había disminuido en todas las regiones, menos en Latinoamérica. También es interesante señalar que el crecimiento del tamaño de las reuniones se produjo en la categoría de reuniones más pequeñas (50-249 participantes), que aumentó un 37% (ICCA, 2004).

Otra variable importante para examinar las Tendencias del sector es la duración de la reunión. Para las reuniones más cortas y las celebradas en 2004, la duración promedio de las reuniones internacionales fue de 4,2 días, lo que representa el porcentaje más bajo en los diez últimos años (ICCA, 2004). Estas estadísticas se confirman en otros estudios, como el estudio sobre este sector en Australia realizado por Deery et al (2005), el estudio sobre el turismo de conferencias en Israel (Sultan, Ditzan y Darsa, 2002) y el estudio sobre el sector de las reuniones en Corea, de Kim et al (2003).

2.1.1.1.2 Oferta

El crecimiento del sector de las reuniones internacionales puede ilustrarse mediante un debate sobre la dimensión de la oferta del sector. Con respecto a la oferta de instalaciones para convenciones y de capacidad para celebrar convenciones, el siguiente debate se estructura de conformidad con las cinco regiones identificadas por la OMT. Los datos se han extraído de *Tendencias en los mercados turísticos, edición de 2005* (OMT). En el anexo A del presente informe se proporciona un resumen para cada país de estas regiones.

África

El informe sobre la oferta de instalaciones para convenciones se divide en África del Norte y África del Sur. En África del Norte, países como Marruecos y Argelia tienen un número considerable de instalaciones destinadas al sector de las reuniones. Muchos países tienen instalaciones para conferencias que podrían acoger entre 400 y 3.000 delegados de conferencias, y la mayoría tienen establecimientos de alojamiento de gran calidad cerca del centro de convenciones. En la región de África del Sur, parece que el sector está más desarrollado – Botswana, Kenya y Mozambique han adquirido nuevos centros de conferencias. Sin embargo, en algunas zonas, como Eritrea, existen obstáculos para el crecimiento del sector debido a la frecuencia, la capacidad y el costo de los vuelos al país. Se proporciona poca información sobre los efectos en el sector de las reuniones que tiene el malestar político en estas zonas.

Las Américas

Algunas regiones, como las Américas, han recopilado datos sobre los principales centros de congresos y de convenciones establecidos en las principales zonas de la región. Estos datos se incluyen en el anexo B, y aunque se proporciona una imagen instantánea del tamaño y la ubicación de los centros clave, lamentablemente no se facilita un cuadro total de la oferta en esta región. En el informe de la OMT, *The Meeting Conventions Market in the Americas* (2005b, pág. 45), se señala que si bien la oferta apenas ha crecido en las partes más maduras de la región, existe una gran actividad en el Caribe, América Central y Sudamérica."

Asia y el Pacífico

Uno de los principales destinos asiáticos para la celebración de convenciones es Hong Kong, cuyo Centro de Exposiciones y Convenciones tiene una superficie de 64.000 m^2. Asimismo, Macao, China y la India han incrementado su capacidad para celebrar grandes convenciones, y los principales destinos son Beijing, Shanghai, Nueva Delhi, Agra, Bangalore, Chennai y Mumbai. En Oceanía, algunas islas del Pacífico, como Nueva Caledonia y Fiji, están ampliando sus instalaciones para convenciones, mientras que en Australia y Nueva Zelandia existe una gran variedad de propiedades destinadas a la celebración de convenciones.

Europa

Europa es, desde siempre, uno de los lugares clave para el sector de las reuniones. Muchos países europeos tienen instalaciones de vanguardia y el fácil acceso a estos países les convierte en destinos favoritos para el sector de reuniones. Se trata de un entorno sumamente competitivo. En Francia, por ejemplo, existen actualmente 120 centros de convenciones, por lo que es el primer país europeo en términos de instalaciones. Los países que proporcionan instalaciones para conferencias con valor añadido, como los Países Bajos y España, cuentan con una excelente infraestructura que ofrece una amplia gama de productos. Asimismo, en países en los que el sector de las reuniones/conferencias es incipiente, como Estonia y Andorra, se están mejorando las instalaciones para el sector de las reuniones y ofreciendo diferentes tipos de instalaciones.

Oriente Medio

Según la OMT (2005b), Dubai es el país de Oriente Medio con una oferta más amplia en el sector de las reuniones. Sin embargo, otros países de esta región, como Arabia Saudita, Bahrein y Siria, también cuentan con excelentes instalaciones que suponen una fuerte competencia para otros destinos.

2.1.2 Tendencias del sector de las exposiciones

2.1.2.1 Demanda

Más difícil aún es proporcionar una visión global del sector de las exposiciones. Si bien existe un acuerdo general sobre la definición de las exposiciones[2] y la definición proporcionada por el Consejo del Sector de las Convenciones (CIC) constituye un buen ejemplo, la información global sobre las tendencias en este sector es escasa. El sector suele evaluar sus resultados sobre la base del tamaño de la superficie utilizada para las exposiciones, pero no hay uniformidad con respecto a los límites de estas medidas.

En un estudio realizado sobre el sector de las exposiciones en Sudáfrica (Heath et al, 2005) y en el estudio emprendido en Australia (Deery et al, 2005) se muestran algunas tendencias que podrían extrapolarse a la situación global. En Sudáfrica, el número promedio de exposiciones por organizador de exposiciones aumentó de 1,97 en 2001 a 2,2 exposiciones por organizador en 2004. La mayoría de las exposiciones (77%) tienen lugar anualmente, lo que concuerda con la situación de Australia (73% en 2003).

Estableciendo paralelismos entre las tendencias en el sector de las reuniones internacionales, el número real de días de exposición disminuyó de 4,86 días en 2002 a 4 días en 2004. Este promedio de 4 días también está en consonancia con las tendencias internacionales en el sector de las exposiciones, ya que la duración promedio de las exposiciones fue de 3,4 días en los Estados Unidos en 2004, y de 3 días en Australia en 2003 (Heath et al, 2005).

En su empeño por obtener datos coherentes sobre el sector de las exposiciones en los Estados Unidos y Canadá, el Centro de Investigación para el Sector de las Exposiciones (CEIR, por sus siglas en inglés) ha elaborado un Índice para el Sector de las Exposiciones que mide una serie de indicadores de desarrollo del sector. Éste proporciona datos sobre América del Norte, pero no facilita una visión global.

2.1.2.2 Oferta

La información proporcionada sobre la dimensión de la oferta en el sector de las exposiciones es algo limitada e incoherente en cuanto al modo en que se facilita. En **África**, por ejemplo, la OMT indica que si bien en lugares como Túnez, Zimbabwe y Ghana existen instalaciones específicamente destinadas a ferias y exposiciones, en otros países de la región parece que se utilizan los centros de convenciones y otros lugares como los centros culturales y deportivos para organizar exposiciones.

En la región de **las Américas**, parece que el sector de las exposiciones ha experimentado un fuerte crecimiento en países como Barbados, Bermuda, Brasil, Chile, Cuba, Curaçao México, ya que en todos ellos se han ampliado las instalaciones a tales efectos. En los mercados más maduros, como los de América del Norte, el sector de las exposiciones no parece haber crecido considerablemente.

En la región de **Asia y el Pacífico** existen numerosas instalaciones para exposiciones, y países como Hong Kong, China y la India son los que ofrecen más espacio con este propósito. Aunque el número de exposiciones celebradas en Hong Kong se redujo debido al brote del SRAS, el sector parece haberse recuperado y se ha construido un nuevo centro de exposiciones.

En **Europa** siempre se han organizado algunas de las exposiciones más grandes e importantes del mundo. En particular, en Alemania existen seis centros de exposiciones de gran tamaño, mientras que

---

2 El Consejo del Sector de las Convenciones facilita la siguiente definición de "exposición": 1) Evento en el que se muestran productos y servicios. La principal actividad de los asistentes es visitar las exposiciones y objetos en exposición. Estos eventos se centran fundamentalmente en las relaciones entre empresas. 2) Muestra de productos o de material de promoción a efectos de relaciones públicas, venta y/o márketing.

países como Luxemburgo, Mónaco y el Reino Unido han aumentado su capacidad para organizar exposiciones.

Por último, **Oriente Medio** ha mejorado su perfil en el sector de las exposiciones. En particular, el Centro de Exposiciones del Aeropuerto de Dubai construido a tales efectos y el Centro Internacional de Exposiciones de Barhein han aumentado la capacidad de Oriente Medio para organizar exposiciones.

En resumen, el sector de las exposiciones parece seguir tendencias similares a las observadas en el sector de las reuniones internacionales, ya que se prevé un crecimiento de las exposiciones, pero una disminución de su duración.

Uno de los mayores desafíos para el sector de las exposiciones es el aumento de la competencia a nivel mundial con el surgimiento de países como China, en el que están construyéndose 57 nuevos centros de convenciones y exposiciones; Dubai, donde se ha previsto construir una ciudad destinada a acoger exposiciones de más de 300.000 m^2, y la India, donde se ha planeado construir cinco nuevos centros de exposiciones y convenciones (Tourism Australia, 2005). En países donde predominan las reuniones más pequeñas, como Sudáfrica y Australia, se brinda la oportunidad de crear alianzas estratégicas regionales para hacer frente a esta competencia.

2.1.3 Tendencias del sector de los viajes de incentivo

De los tres componentes fundamentales del sector de las reuniones, el sector de los viajes de incentivo es el menos estudiado. Las empresas lanzan programas de viajes de incentivo para impulsar las ventas, aumentar los beneficios, mejorar los servicios, infundir ánimo, mantener al personal o proporcionar un reconocimiento de alto perfil.

El misterio que rodea este componente explica en gran parte la falta de estudios y, como se señala en el informe de la Oficina de Convenciones de Sri Lanka (pág. 3), "Las estadísticas de los viajes de incentivo se han omitido una vez más, en vista de la resistencia a proporcionar tales datos por temor a que dicha información vaya en detrimento de sus negocios y/o por la incapacidad para separar las cifras sobre los viajes proporcionadas por los hoteles de las cifras generales sobre el turismo". En el sector de las reuniones, los viajes de incentivo se consideran el sector de mayor rendimiento. El mercado de los viajes de incentivo en todo el mundo es un "sector mundial multimillonario". (Sociedad de Ejecutivos de Incentivos y Viajes (SITE, por sus siglas en inglés), 2004).

Aunque es difícil proporcionar las tendencias en todo el mundo, existen elementos comunes en los cambios producidos en el sector a nivel mundial. Por ejemplo, la duración de los programas de viajes incentivos se ha recortado; así pues, en los Estados Unidos, éstos han pasado de siete días a cuatro días en promedio (SITE, 2005) y a 5,1 días en Australia (Deery et al, 2005). Según un estudio exhaustivo realizado por la Autoridad de Turismo de Malta sobre el sector de los viajes de incentivo en 2000-2001, la duración de estos programas se redujo a cuatro días durante este período.

El sector de los viajes de incentivo probablemente sea el más vulnerable a la volatilidad de los eventos mundiales. Según la encuesta sobre los viajes de incentivo realizada por la Federación de Viajes de Incentivo en 2003, las empresas que no habían utilizado este recurso en los dos últimos años señalaron que fundamentalmente fue debido a su preocupación por el costo. Otros motivos de preocupación señalados fueron la dificultad que suponía elaborar un programa equitativo; la incertidumbre con respecto a los resultados del programa y al tipo de incentivos que se debían ofrecer; el desconocimiento sobre estos programas en general o sobre cómo evaluar los resultados; problemas administrativos, legales/de pasivo, y resistencia de la dirección.

En el estudio sobre Australia (Deery et al, 2005) se señala que algunas de las organizaciones que intervienen en el sector de los viajes de incentivo han registrado pérdidas por diversos motivos, entre ellos, el hecho de que las empresas hubieran elegido opciones más baratas, los efectos de eventos de alcance mundial como el SRAS, los atentados del 11 de septiembre, los atentados de Bali, la competencia adicional, la falta de disponibilidad de vuelos, la incapacidad del destino de satisfacer las necesidades de los participantes, la barrera de la distancia y los problemas de visado.

En resumen, los viajes de incentivo son un componente lucrativo pero volátil del sector de las reuniones. Si bien este componente es sumamente competitivo a medida que los nuevos destinos sustituyen a los destinos más viejos, menos atractivos y potencialmente menos seguros, están surgiendo nuevos mercados como China o la India. El desafío para aquellos que participan en el componente de los viajes de incentivo es lograr que estos nuevos mercados – que hoy en día suelen ser mercados de menor rendimiento – se contemplen en programas que prevean estancias más largas en los lugares de destino.

2.2 Prácticas actuales para la recopilación de datos

Los datos sobre el sector de las reuniones se reúnen de múltiples formas, y en esta sección se resumen las técnicas utilizadas en los estudios existentes.

Sin embargo, es importante examinar los componentes del sector de las reuniones con miras a proporcionar un contexto para el debate. En el gráfico 3 se presenta un modelo sencillo del sector de las reuniones.

Gráfico 3 El sector de las reuniones

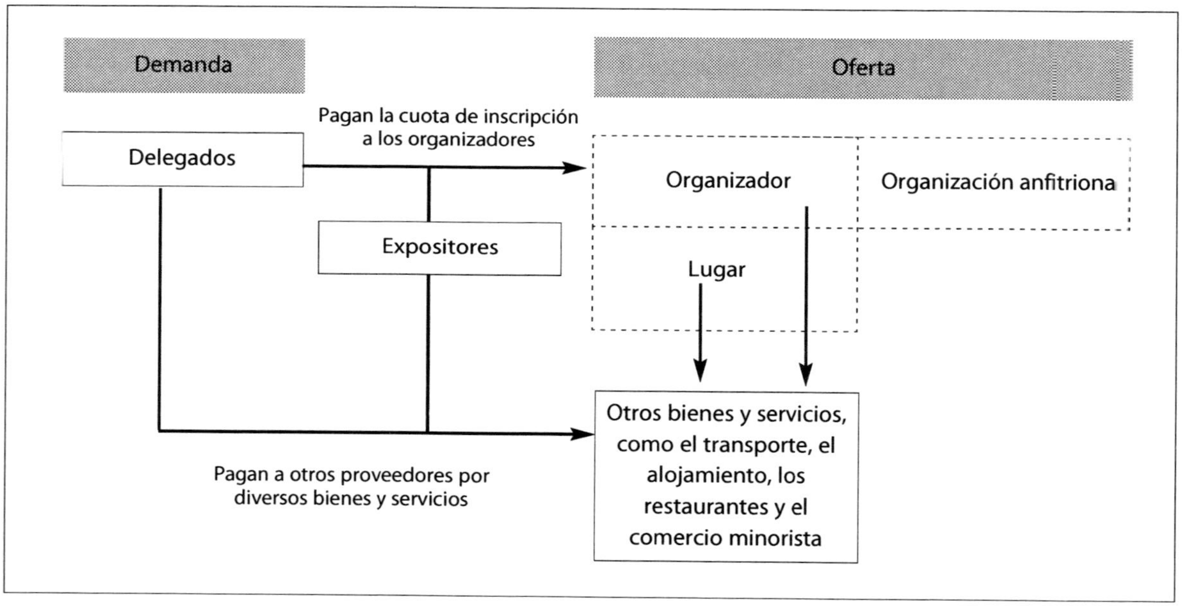

Puede afirmarse que el sector de las reuniones tiene dos amplias dimensiones: el lado de la oferta y el lado de la demanda. A efectos del presente estudio, la dimensión de la demanda se define como componente que incluye a los delegados (los consumidores) – o a los participantes, tal como se hará referencia a los mismos en este informe –, y la dimensión de la oferta se define como un componente que abarca el organizador, el lugar de reunión y la organización anfitriona. Si bien las actividades de los proveedores de otros bienes y servicios (por ejemplo, el alojamiento, el transporte, etc.) que los delegados utilizan cuando asisten a la reunión se evaluarán al estimar la contribución económica de los participantes en las reuniones, estos proveedores no son componentes del sector de las reuniones. Las líneas discontinuas superpuestas visualizadas en el gráfico 3 indican que, en algunos casos, la organización anfitriona actúa como organizador y, en otros, es el lugar de reunión el que actúa como tal. Esto tiene consecuencias en el acopio de datos.

En los estudios realizados sobre la dimensión de la demanda se han reunido datos sobre los delegados en términos de su número total, su origen y sus gastos en cuotas de inscripción y otros bienes y servicios. Los estudios realizados del lado de la oferta contienen datos sobre las reuniones, los organizadores, el número de participantes y los costos y lugares asociados con la celebración y/u organización de la reunión.

Para obtener un cuadro total del sector se necesitan datos sobre la dimensión tanto de la oferta como de la demanda. Un enfoque que sólo se base en la demanda no identifica toda la contribución económica del sector, mientras que un enfoque exclusivamente basado en la oferta no identifica los gastos adicionales de los participantes en la región anfitriona.

2.2.1 Recopilación de datos por organismos mundiales

En el estudio *Tendencias de los mercados turísticos 2004,* de la OMT, se reúnen datos obtenidos a partir de una encuesta realizada a los países para saber si en cada uno de ellos se recaban datos sobre las reuniones internacionales celebradas en el mismo. No se proporciona una definición del sector de las reuniones, ya que no existía ninguna en el momento del acopio de datos. Si la respuesta es afirmativa, se explica brevemente la importancia y magnitud del sector, y su evolución.

Por lo general, éstas son estimaciones de la demanda, y los países proporcionan una estimación de la magnitud de su sector de las reuniones internacionales como porcentaje de su turismo receptor total. Las dificultades que conlleva este método son las siguientes:

a. no se utiliza una definición congruente del sector de las reuniones, por lo que las estimaciones de la magnitud de la actividad realizada en este sector varían de un país a otro, y

b. estas cifras no incluyen el mercado de reuniones nacionales, que puede tener proporciones considerables.

Otros organismos mundiales que recopilan datos sobre el sector de las reuniones son grupos específicos del sector, como la ICCA, MPI, SITE, la UIA y Reed Exhibitions. Estos organismos publican informes regulares, inclusive:

- *FutureWatch* (MPI)
- *The State of the Industry* (Successful Meetings)
- *International Association Meetings Market: Statistics Report* (ICCA)
- *Five Year Trends Report* (EIBTM)
- *Economic Impact Study* (CIC)
- *International Meetings Statistics* (UIA)
- *The SITE Foundation Industry Reports* (SITE)

Aunque estas instituciones reúnen datos de forma regular y coherente, suele ser en un contexto específico, por ejemplo, en reuniones puramente internacionales (ICCA, UIA, MPI) o en el sector de los viajes de incentivo (SITE). Por lo general, el objetivo de estos informes no es ofrecer una evaluación económica del componente de las reuniones sobre el que están facilitando información. Sólo algunos informes contienen definiciones, y apenas se facilita información sobre los métodos utilizados.

Si bien estos informes proporcionan una imagen instantánea a los agentes del sector, es difícil distinguir qué supuestos apoyan las evaluaciones y análisis, por lo que no son muy útiles al hacer un seguimiento de unos datos coherentes para su utilización en una evaluación general del sector. Aunque los informes son útiles, también subrayan la necesidad de que exista un proceso más coherente para el acopio de datos.

2.2.2 Recopilación de datos por las organizaciones nacionales de turismo

Se han realizado una serie de estudios nacionales sobre el sector de las reuniones o los componentes de este sector, que permiten reunir datos más exactos sobre el lado de la oferta y la demanda, y suelen proporcionar más información sobre los métodos utilizados. Por lo general, el grado de detalle de estos informes es suficiente para que las autoridades de turismo puedan elaborar planes. Algunos de estos informes recopilados para el presente estudio son los siguientes:

- *Estudio del mercado de reuniones en España, 2003* (Instituto de Turismo de España)
- *US Business Traveller to Canada Study Summary, 2002* (Comisión Canadiense de Turismo)
- *British Conference Venues Survey, 2003* (Autoridad Británica de Turismo)
- *Characteristics of conference tourism in Israel* (Ministerio de Turismo de Israel)
- *National Business Events Study, 2005* (Centro Australiano de Investigación Cooperativa sobre Turismo Sostenible)
- *The Conference and Incentive Travel Market in Malta for the Years, 2000-2001* (Autoridad de Turismo de Malta)

2.2.3 Oficinas de convenciones y centros a nivel municipal

A medida que el acopio de datos pasa del nivel mundial al nivel regional o municipal, los datos recopilados y el nivel de los análisis en los informes suelen ser más detallados. Una vez más, estos estudios suelen considerar los aspectos tanto de la oferta como de la demanda. Informes como los elaborados por la Oficina de Convenciones de Finlandia y la Oficina de Convenciones de Sri Lanka muestran que las oficinas tienen acceso al sector, así como los vínculos para obtener los datos pertinentes.

2.2.4 Resumen de estudios anteriores

A continuación se resumen una serie de estudios más detallados sobre el valor del sector de las reuniones, con miras a facilitar la comprensión de las formas en que se reúnen y utilizan los datos:

- *Estudios de productos turísticos:* Junta Nacional de Turismo de España
- *The MICE Industry:* Oficina de Convenciones de Sri Lanka
- *The World of Meeting Statistics:* Oficina de Convenciones de Finlandia
- Junta de Turismo y Convenciones de los Países Bajos
- *The Economic Impact of Business Conventions in Toronto in 2002:* Ministerio de Turismo y Recreación de Ontario
- *Estimating the Direct Expenditure Benefits of Conferences to a Local Area:* Autoridad Británica de Turismo
- *Survey of economic benefits:* France Congress
- *Characteristics of Conference Tourism in Israel:* Ministerio de Turismo de Israel
- *National Business Events Study:* An Evaluation of the Australian Business Events Sector: Centro Australiano de Investigación Cooperativa sobre Turismo Sostenible

En el cuadro 2 se proporcionan más detalles sobre estos estudios.

Cuadro 2 Ejemplos de estudios económicos nacionales y regionales del sector de las reuniones

País	Método	Organismo que recopiló los datos	Categorías
Australia	• Encuestas por Internet • cuestionarios rellenados y enviados	Tourism Australia y STCRC	• Cuota de inscripción • transporte terrestre local • alojamiento durante la conferencia • alojamiento antes y después de la conferencia • visitas guiadas antes y después de la conferencia • gastos adicionales de los acompañantes • restaurantes y cafeterías • precios de billetes de avión dentro de Australia • compras CONTRIBUCIÓN ECONÓMICA: SÍ
Reino Unido	• Entrevistas personales con los delegados • Cuestionarios posteriores a los eventos • Cuestionarios preparados por el organizador de la conferencia	Autoridad Británica de Turismo	• Cuota de inscripción • alojamiento durante la conferencia • alojamiento antes y después de la conferencia • viajes al Reino Unido • viajes en el Reino Unido hasta el lugar de la conferencia • viajes locales en el destino • comida y bebida • esparcimiento y eventos nocturnos • compras y regalos • viajes del día y o visitas guiadas antes y después de la conferencia • gastos adicionales de los acompañantes CONTRIBUCIÓN ECONÓMICA: SÍ
Canadá (Toronto)	• Datos reunidos a través de encuestas	Ministerio de Turismo y Recreación de Ontario	• Servicios de viaje • transporte público • transporte privado (alquiler y manejo) • transporte local • alojamiento • comida y bebida (comprada en comercios y restaurantes) • ocio y esparcimiento, comercio minorista (prendas de vestir y otros productos) EFECTOS ECONÓMICOS: SÍ
Canadá (viajeros de negocios estado-unidenses a Canadá)	• Encuestas a viajeros de negocios estadounidenses a Canadá	Comisión Canadiense de Turismo	• Planificación del viaje y búsqueda de información • duración de la estancia, datos demográficos • sector empresarial y sector de asociaciones • información reciente sobre el viaje • noches adicionales de estancia • valoraciones de Canadá como lugar de negocios EFECTOS ECONÓMICOS: NO

País	Método	Organismo que recopiló los datos	Categorías
Finlandia	• Información recopilada mensualmente en los lugares de las reuniones (cuestionarios enviados por Internet) • Organizadores de eventos • Ponderados con recopilaciones de estadísticas nacionales	Oficina de Convenciones de Finlandia	• Número de reuniones y participantes • tamaño promedio, duración, ubicación y temporadas • volumen de ventas de los lugares de las reuniones • volumen de ventas de los OPC, las OGD y los organizadores de los eventos • gastos de los organizadores • gastos de los delegados y gastos de viaje EFECTOS ECONÓMICOS: SÍ
Francia	• Datos recopilados en centros de convenciones	France Congress	• La evaluación económica incluye los beneficios directos e indirectos • los beneficios inducidos • los puestos de trabajo • los días de asistencia de los participantes • las pernoctaciones EFECTOS ECONÓMICOS: SÍ
Hungría	• Encuestas a los organizadores de congresos, los lugares de las reuniones y las organizaciones	Oficina Nacional de Turismo de Hungría	• Número de reuniones internacionales y de exposiciones internacionales • número promedio de nacionalidades • duración promedio de las conferencias • número de conferencias organizadas por organizadores profesionales de congresos (OPC) • localización de las conferencias • tipos de lugares • tema • estacionalidad • nacionalidad de los organizadores de reuniones • número previsto y real de participantes EFECTOS ECONÓMICOS: NO
Israel	• Datos proporcionados por los organizadores de conferencias al Ministerio de Turismo • encuestas al turismo receptor	Ministerio de Turismo de Israel	• Características de los turistas (edad, tamaño del grupo familiar, nacionalidad) • duración de la estancia • lugares visitados • propósito de la visita • gastos en diversos artículos (no se proporcionan) • opiniones sobre los servicios turísticos en Israel • características de las reuniones internacionales por mes, lugar y tema EFECTOS ECONÓMICOS: NO

País	Método	Organismo que recopiló los datos	Categorías
Países Bajos	• Datos recopilados a través de encuestas	Junta de Turismo y Convenciones de los Países Bajos	• Número total de convenciones • duración promedio de las convenciones • número promedio de participantes • número total de participantes EFECTOS ECONÓMICOS: NO
Noruega	• Datos recopilados mensualmente por los hoteles	Oficina Central de Estadística	• Número de pernoctaciones • nacionalidad • propósito de la visita EFECTOS ECONÓMICOS: NO
España	• Encuestas a nivel municipal clasificadas por su población	Junta Nacional de Turismo de España	Perspectiva de la oferta: • número de reuniones y de participantes • gastos diarios de los participantes • duración de la estancia Perspectiva de la demanda: • cuotas de inscripción • gastos diarios de alojamiento • porcentaje de delegados que asistieron acompañados • número promedio de acompañantes • duración de la convención • número de pernoctaciones en la ciudad • número de pernoctaciones adicionales a la convención EFECTOS ECONÓMICOS: SÍ
Sri Lanka	• Datos reunidos por los organizadores de reuniones/ conferencias por medio de entrevistas y cuestionarios	Oficina de Convenciones de Sri Lanka	• Número de conferencias y reuniones nacionales e internacionales • número de exposiciones • viajes en avión • visitas guiadas antes y después de las reuniones • compras, equipo y material • comida y bebida • ingresos EFECTOS ECONÓMICOS: NO
Estados Unidos de América	• Datos recopilados a través de encuestas	Consejo del Sector de las Convenciones	Representa la mayor parte de los gastos en dólares (35%) de las convenciones y exhibiciones en hoteles y otras instalaciones. El resto se distribuye ampliamente entre las economías locales. Después del transporte aéreo (24%), la categoría más importante de gastos de los asistentes, expositores y patrocinadores fueron los gastos en restaurantes y en establecimientos exteriores de comida y bebida (14%) y servicios empresariales (12%). EFECTOS ECONÓMICOS: SÍ

Por ejemplo, los resultados del estudio económico realizado en España se incluyen en el anexo C. Sin embargo, es importante aclarar la terminología utilizada, ya que existe una confusión frecuente con respecto al uso correcto del término "efectos económicos".

2.2.4.1 "Contribución" económica, no "efectos" económicos

Algunas veces, los comentaristas y los informes hacen referencia incorrectamente a los "efectos económicos" del sector de las reuniones. En algunos estudios incluso se hace referencia a los gastos asociados con las reuniones como sus "efectos económicos". En el presente informe se señala que la utilización del concepto "efectos" debería reservarse a los cambios operados en la economía que puedan derivarse del impacto (positivo o negativo) en el sector de las reuniones. Por lo tanto, si es lógico, por ejemplo, estudiar los "efectos" de un evento en el sector de las reuniones, no tiene sentido preguntar por los "efectos" económicos del sector de las reuniones en la economía de un destino. En su lugar, habría que preguntar por la contribución económica del sector a la economía en general. Esta contribución suele medirse en términos de la contribución al Producto Interno Bruto (PIB), al Valor Añadido Bruto (VAB) y al empleo.

En este contexto, la CST es una fuente de información importante para estimar los efectos económicos de los cambios operados en la demanda turística, pero no es en sí misma una técnica para evaluar los efectos. Los efectos se refieren a los *cambios, derivados de actividades o eventos específicos* en la contribución económica, y no deberían confundirse con la contribución propiamente dicha. La contribución evalúa la magnitud y la importancia global del sector en una economía. Los efectos económicos suponen el cambio producido en la economía global a consecuencia de esta contribución y deben preverse los grandes efectos interactivos que habrán tenido lugar en toda la economía. Puede realizarse un estudio sobre las consecuencias económicas de los efectos de los cambios en la demanda final, pero para ello es necesario utilizar técnicas de modelación económica específicas, como los modelos de equilibrio general computable.

2.2.5 Lagunas en los datos sobre el sector de las reuniones

Uno de los principales problemas que plantean los estudios arriba mencionados es que, con frecuencia, utilizan diferentes *definiciones* y abarcan diferentes componentes del sector. El modo en que se reúnen los datos se añade a este problema de las definiciones. Existen una serie de cuestiones relacionadas con esto último. En primer lugar, el tipo de organismo responsable de la recopilación de datos parece influir sensiblemente en el grado de rigor y coherencia de los datos. El organismo podría ser, en el caso de Australia, un organismo gubernamental. Sin embargo, en muchos casos los datos son acopiados por entidades más pequeñas, como las oficinas de convenciones. Otras cuestiones están relacionadas con la frecuencia con la que se reúnen los datos y con la dificultad que conlleva utilizar datos procedentes de diversas fuentes, tanto públicas como privadas, para "colmar las lagunas".

Recomendación sobre el organismo que recopila datos para el sector de las reuniones

Se recomienda que los datos sobre el sector de las reuniones sean reunidos por organismos gubernamentales como parte de la recopilación de estadísticas nacionales. De este modo se asegurará que los datos se refieren al país en su conjunto y que se utilizan métodos coherentes y rigurosos. Los organismos encargados de la recopilación de estadísticas nacionales tienen un cierto grado de credibilidad y autoridad, y muchos tienen competencia para imponer el suministro de datos. Cuando esta competencia no existe, se propone recurrir a las oficinas de convenciones (o a asociaciones apropiadas del sector) para que alienten a facilitar respuestas promoviendo los beneficios de un sector mejor informado.

2.3 Cuestiones de definición

La gran abundancia de definiciones – y, en muchos casos, su falta – está ampliamente reconocida en el sector de las reuniones. Los debates se centran en una serie de componentes de la definición. Estos componentes son los siguientes:

- La nomenclatura del sector
- Definiciones de reuniones:
  - Objetivos de una reunión
  - Lugares de una reunión
  - Tamaño de una reunión
  - Duración de una reunión

2.3.1 Nomenclatura del sector

Las cuestiones de definición hacen referencia a una serie de ámbitos, inclusive la denominación del sector en su conjunto. Por lo general, el sector se ha denominado sector de las reuniones, viajes de incentivo, convenciones y exposiciones (MICE, por sus siglas en inglés). Esta nomenclatura tiene la desventaja de presentar el sector como un conjunto de partes discretas, en lugar de presentarlo de un modo holístico. La OMT ha utilizado el término "sector de las reuniones" y el término "sector de las reuniones internacionales" de un modo que parece intercambiable, y estos términos abarcan la organización, promoción, venta y lanzamiento de eventos para reuniones gubernamentales, empresariales y de asociaciones; incentivos empresariales; seminarios; congresos; conferencias; convenciones; eventos; visitas técnicas; exposiciones y ferias.

La OMT ha propuesto elaborar una nueva categoría de la Clasificación Industrial Internacional Uniforme de todas las Actividades Económicas (CIIU) para incluir las actividades del sector de las reuniones (esto se examina más detalladamente en la sección 4.5). Con la nueva categoría de la ISIC se pretende identificar un sector que represente el sector de las reuniones, añadiendo una nueva clase, a saber, 8230 "Organizaciones de convenciones y ferias comerciales". Este sector incluye la organización, promoción y/o gestión de eventos, como ferias comerciales, convenciones, conferencias y reuniones, con independencia de que incluyan la gestión y el suministro de personal para explotar las instalaciones en las que tienen lugar estos eventos.

En el resumen de este estudio se proponen un título y una definición para el sector. Esta definición, propuesta por la OMT, la ICCA, Reed Exhibitions y MPI, denomina al sector "Sector de reuniones y eventos". Sin embargo, previa consulta con los participantes fundamentales en el sector, el título "sector de las reuniones" parece gozar de una mayor aceptabilidad. En general, el término "evento" se considera demasiado amplio para utilizarse en este contexto. La definición que proponen la OMT, la ICCA, Reed Exhibitions y MPI es más amplia que la nueva definición de la CIIU, ya que especifica los clientes (asociaciones, gobiernos y empresas) e incluye el ámbito de los viajes de incentivo. Convendría que el sector siguiera promoviendo la adopción de esta definición.

Recomendación para el nombre del sector

Teniendo en cuenta que los agentes clave del sector han propuesto que el nombre del sector sea "sector de las reuniones", los consultores recomendaron adoptar este término, ya que el componente fundamental de cualquier evento comercial es una reunión de personas. Este título incluye los componentes de las reuniones, como las convenciones, los congresos, las conferencias, los simposios, los seminarios, las reuniones empresariales generales y eventos como las ferias públicas o comerciales, exposiciones y eventos de incentivos que incluyen una reunión concertada mediante un organizador de convenciones o ferias comerciales.

2.3.2 Definición de "reunión"

Es preciso examinar algunos componentes de las reuniones para facilitar el acopio de datos que pueden utilizarse para realizar una evaluación exacta del sector. Éstos se abordan en los siguientes títulos:

a. objetivos de una reunión,
b. lugar de una reunión,
c. tamaño de una reunión, y
d. duración de una reunión.

2.3.2.1 Objetivos de una reunión

Algunos objetivos de una reunión se especifican en la documentación sobre este tema, tanto en los estudios académicos como en los informes del sector. El elemento común de estas definiciones es que el objetivo común debe ser reunirse con otros participantes para intercambiar ideas, hacer vida social y dialogar. La frecuencia puede determinarse según las circunstancias del caso o de acuerdo con un patrón establecido. Los términos clave utilizados en las definiciones son "reunirse", "entablar consultas" e "intercambiar información". En el anexo D se incluye un resumen de las definiciones y, tras examinar la bibliografía existente sobre este tema, los consultores recomendaron adoptar la siguiente definición.

Recomendación para elaborar una definición de "reunión" basada en sus objetivos

La definición de la ICCA abarca la mayoría de los elementos clave de todas las definiciones. Por lo tanto, se recomienda que la definición del objetivo de una reunión sea la siguiente:

Una reunión es un término general que indica la congregación de una serie de personas en un lugar, con miras a entablar consultas o realizar una actividad particular. Los objetivos principales de las reuniones son motivar a los participantes y hacer negocios. La frecuencia puede determinarse según las circunstancias del caso o de conformidad con un patrón establecido, por ejemplo, las reuniones anuales generales, las reuniones de los comités, etc.

En la bibliografía sobre el tema también se facilitan definiciones de otras categorías dentro el sector de las reuniones, como conferencias, congresos y convenciones. Todas estas definiciones difieren ligeramente unas de otras, y el anexo D también contiene un resumen de las mismas. A efectos del presente ejercicio – es decir, facilitar una definición de trabajo de "reunión" que ayude a evaluar el sector de las reuniones –, no se consideran importantes las sutiles diferencias entre estos diversos tipos de reuniones.

2.3.2.2 Lugar de una reunión

Algunas definiciones incluyen la necesidad de celebrar la reunión en tipos específicos de lugares. Por ejemplo, Weber y Chon (2002) señalan que "una reunión debería celebrarse en instalaciones construidas a tales efectos". La Autoridad Británica de Turismo utiliza la definición de conferencia como "reunión celebrada fuera de la oficina cuya duración es de al menos seis horas".

La cuestión que debe discutirse es que se considera un lugar específico. En el estudio *National Business Events Study* (Deery et al, 2005) se proporciona una lista de los tipos de lugares que no se incluyeron en el acopio de datos. Estas exclusiones abarcan diversos lugares en los que los eventos empresariales no se consideraron como una parte fundamental de sus actividades generales (véase el anexo E), entre ellos, lugares como residencias, hoteles y restaurantes. Por lo tanto, la definición de "reunión" debería incluir asimismo un criterio sobre el tipo de lugar utilizado, pero éste puede variar de un país a otro.

Recomendación para incluir en la definición el tipo de lugar para la celebración de reuniones

Se recomienda recopilar datos sobre la actividad relativa a las reuniones proporcionados por lugares acordados en los que debe pagarse en efectivo (o en especie) por utilizar el lugar para la celebración de reuniones (y de eventos relacionados, como exposiciones y actividades de incentivo).

A efectos del acopio de datos, las reuniones no celebradas en lugares de reunión comerciales no deberían considerarse reuniones, debido a la dificultad que conlleva obtener datos sobre dichos lugares. Este tratamiento también está justificado por el hecho de que la celebración de tales reuniones no es una actividad comercial del lugar de reunión.

2.3.2.3 Tamaño de una reunión

La cuestión del tamaño mínimo de una reunión para cumplir el criterio establecido ha sido objeto de intensivos debates en el sector. Diferentes organizaciones como la ICCA y la UIA han determinado diferentes números mínimos de participantes para que una reunión se incluya en el acopio de datos. De los numerosos informes y estudios sobre el sector de las reuniones se desprende claramente que el número de participantes en una reunión es el criterio más polémico. En el cuadro 3 se presentan diversas definiciones.

Cuadro 3 Tamaño, duración/frecuencia y número de países que participan en las reuniones

Tipo	Número de participantes	Duración/ frecuencia	Número de países participantes	Otros datos	Fuente
Reunión	> 10				Oficina de Convenciones de Finlandia
	> 10				ONT de Corea
	> 15	> 6 horas < 2 días			Hughes 1988
	> 15	-	-	Celebrada en un lugar comercial	Meetings Industry Association of Australia (MIAA)
	Hasta 250	en promedio 1 día			Oficina de Convenciones de Alemania
Reunión Internacional	> 300	> 3 días	> 5 países	> 40% asistentes extranjeros	Unión de Asociaciones Internacionales (UIA)
	-	-	> 4 países	> 45% asistentes extranjeros	MIAA
	> 50	> 4 horas	> 3 países	> 40% asistentes extranjeros	Instituto de Turismo de España
Reunión de una asociación internacional	> 50	periódicamente (anual o bienalmente)	> 3 países		ICCA
Reunión de una junta internacional	> 10			La asociación debe figurar en el anuario de la UIA	UIA
Reunión empresarial	Congregación de trabajadores o de representantes de una organización comercial. Por lo general, la asistencia es obligatoria, y la organización cubre los gastos de viaje, alojamiento y la mayoría de los gastos en comida.				CIC
Reunión gubernamental	Evento en el que los asistentes son funcionarios, funcionarios designados o proveedores de servicios a entidades gubernamentales.				CIC

Si bien las diferentes definiciones pueden ser justificables en sí mismas en diferentes contextos, es fundamental elaborar una definición común para promover la coherencia en el plano internacional y facilitar la comparación de las evaluaciones económicas. Si embargo, es bastante arbitrario determinar el número mínimo de participantes y esta cuestión siempre será polémica.

Los consultores señalaron que leal proceso de recopilación de datos se facilitaría si no se imponía un tamaño mínimo, ya que no se exigiría a los entrevistados que excluyeran las reuniones que no cumplían el criterio. También es improbable que las reuniones a las que asisten muy pocos participantes se celebren en lugares de reunión comerciales, por lo que la inclusión de este criterio en la definición supera la necesidad de alcanzar un acuerdo sobre el tamaño mínimo de una reunión. Sin embargo, el sector siempre ha definido las reuniones utilizando el criterio del tamaño mínimo y puede mostrarse reacio a renunciar a esta práctica, en cuyo caso debería adoptarse el tamaño mínimo, es decir, diez participantes.

Recomendación sobre el tamaño mínimo de una reunión

Para poder llevar a cabo una amplia recopilación de datos sobre todas las reuniones, se recomienda compilar datos sobre las reuniones a las que asistan al menos diez participantes.

2.3.2.4 Duración de una reunión

Como se muestra en el cuadro 3, existen diversas propuestas con respecto a la duración mínima de una reunión, que abarca desde cuatro horas hasta tres días. Una vez más, los consultores recomendarían no establecer una duración mínima, al considerar que esto facilita el proceso de reunión de datos y que, en la práctica, es improbable que una reunión muy corta se celebre en un lugar de reunión comercial. No obstante, si se cree esencial determinar una duración mínima, ésta debería ser lo más inclusiva posible – es decir, medio día o cuatro horas.

2.3.2.5 Reuniones internacionales

Con respecto al lugar, el tamaño y la duración de la reuniones internacionales, no hay una razón válida por las que éstas tengan que definirse de un modo diferente a las reuniones *per se*. La única diferencia que existe entre una reunión y una reunión internacional es que esta última atrae a una proporción considerable de delegados internacionales. Por lo tanto, es necesario considerar el número de países y la proporción de delegados internacionales.

En términos del número mínimo de países participantes exigido para cumplir el criterio de reunión internacional, los consultores proponen que haya participantes de al menos un país distinto del país anfitrión.

Con respecto a la proporción de participantes internacionales exigida para cumplir los requisitos especificados en la definición, muchas definiciones incluyen porcentajes que abarcan entre el 40 y el 45%. Esta proporción puede ser apropiada en regiones cuyos países están geográficamente cerca y en las que los viajes transfronterizos son habituales, como Europa. Sin embargo, para las reuniones celebradas fuera de Europa esta proporción parece excesiva, ya que muchas reuniones con una proporción más pequeña de delegados internacionales se considerarían, no obstante, internacionales. Por lo tanto, los consultores recomendaron que los delegados internacionales representaran al menos el 20% del número total de participantes en las reuniones.

Sin embargo, también puede haber casos, especialmente en reuniones grandes, en los que este criterio del 20% no sirva para identificar reuniones que atraen a un gran número de delegados internacionales, pero cuya proporción es inferior al 20% del número total de participantes. Por ejemplo, una reunión médica de 2.000 participantes celebrada en América del Norte puede contar con 200 participantes internacionales, pero no cumpliría el criterio establecido actualmente. En este tipo de situaciones, tal vez se debería considerar la utilización de un criterio basado en un número absoluto.

Recomendación sobre los criterios mínimos de una reunión internacional

Se entiende por reunión internacional aquella reunión de al menos medio día de duración a la que asisten diez participantes como mínimo, y en la que al menos el 20% del número total de participantes es de origen internacional. En el caso de las reuniones grandes, debería considerarse un número absoluto de delegados internacionales.

Capítulo 3

Utilización de la CST para evaluar la contribución económica del sector de las reuniones

En este capítulo se examina el papel que pueden desempeñar las CST al evaluar la contribución económica del sector de las reuniones, y las cuestiones que deben considerarse en este proceso. Un objetivo importante del presente informe es examinar cómo pueden abordarse estas cuestiones.

Utilizar la CST para estimar la contribución económica del sector de las reuniones supone evaluar la contribución total a la economía de los participantes en la reuniones, junto con la consiguiente contribución del sector propiamente dicho.

La estructura de la CST está concebida para mostrar la relación entre la demanda de productos generada por el turismo y la oferta total de dichos productos. Para el turismo, el proceso supone identificar los productos consumidos por los turistas (o, utilizando el término correcto de la OMT, los "visitantes"), como los servicios de alojamiento y las comidas, y vincular estos productos con los sectores que los producen.

La OMT define el turismo del siguiente modo:

> *"las actividades que realizan las personas durante sus viajes y estancias en lugares distintos al de su entorno natural por un período de tiempo consecutivo inferior a un año con fines de ocio, por negocios y otros motivos no relacionados con el ejercicio de una actividad remunerada en el lugar visitado."*

Existe poca información sobre el papel que desempeña el turismo en las economías nacionales, y se precisan datos creíbles sobre la magnitud e importancia del turismo. Para hacer frente a este problema, la OMT, en colaboración con la Comisión de las Comunidades Europeas-EUROSTAT, la Organización para la Cooperación y el Desarrollo Económico (OCDE) y la División de Estadística de las Naciones Unidas), ha producido la publicación *Cuenta Satélite de Turismo: Recomendaciones sobre el marco conceptual.*

A efectos de la CST, la OMT ha identificado la siguiente lista de *actividades/sectores característicos del turismo:*

1. hoteles y similares
2. segundas viviendas en propiedad (imputada)
3. restaurantes y similares
4. servicios de transporte de pasajeros por ferrocarril
5. servicios de transporte de pasajeros por carretera
6. servicios de transporte marítimo de pasajeros
7. servicios de transporte aéreo de pasajeros
8. servicios anexos al transporte
9. alquiler de equipo de transporte
10. agencias de viajes y similares
11. servicios culturales
12. servicios deportivos y otros servicios de esparcimiento

ISBN 978-92-844-1197-9

Éstos son sectores que elaboran los *productos característicos del turismo,* definidos a continuación.

Por lo general, un "sector" es un "grupo de establecimientos dedicados al mismo tipo de actividad productiva". La definición de los sectores característicos puede variar según los países. (Nota: en Australia, Canadá, Estados Unidos y Nueva Zelandia se utiliza el concepto de "sector" y en Europa se utiliza el concepto de "actividad".)

En la CST, los productos son los bienes adquiridos por o para los visitantes. Las actividades (o sectores) elaboran productos. Estos productos se clasifican como productos característicos del turismo, productos conexos al turismo y productos específicos del turismo (o relacionados con el mismo).

Los *productos característicos del turismo* son aquellos productos que, en caso de ausencia de visitantes, en la mayoría de países dejarían de existir en cantidades significativas, o su nivel de consumo se vería sensiblemente disminuido, y aquellos productos sobre los que parece posible obtener información estadística.

Los *productos conexos al turismo* es una categoría residual que incluye aquellos productos identificados como productos específicos del turismo en un país dado, pero no reconocidos como tales a nivel mundial debido a sus características.

Los *productos específicos del turismo* son la suma de las dos categorías anteriores. En algunos países estos productos se denominan "productos relacionados con el turismo".

Otra categoría son los productos consumidos por los visitantes, pero que no son suficientemente importantes como para incluirlos en las categorías arriba mencionadas. En la CST, éstos se incluyen en una única categoría denominada "Otros".

Al objeto de evaluar la demanda (productos consumidos), es preciso obtener información sobre las compras efectuadas por o para los visitantes. (En la actualidad, la formación de capital fijo y el consumo colectivo del gobierno no se incluyen para estimar el valor añadido, el PIB o el empleo en la CST, aunque se prevé incorporarlos a cuadros aparte de la CST.)

El consumo turístico incluye tanto el consumo de los visitantes de ocio como el consumo de los visitantes de negocios relacionado con un viaje de negocios. Estos visitantes pueden estar haciendo negocios en su propio nombre o en nombre de un empleador del sector público o privado. En el Sistema de Cuentas Nacionales (SCN), este consumo se considera un consumo intermedio, pero en la CST, para reflejar plenamente todo el valor de la demanda turística, se considera como consumo turístico final.

Sin embargo, es importante comprender que, si bien la CST está reconocida a nivel internacional como una fuente importante de información para estimar la contribución del turismo a la economía, el sector de las reuniones no es simplemente un subconjunto de la industria turística. En la CST, el término "visitante" se define como "toda persona que viaja, por un período no superior a 12 meses, a un lugar distinto de aquél en el que tiene su residencia, pero fuera de su entorno habitual, y cuyo motivo principal de la visita no es el de ejercer una actividad que se remunere en el lugar visitado". Un porcentaje de estos "visitantes" serán "internacionales", mientras que otros (quizá la mayoría) serán "visitantes internos".

Así pues, si bien algunos participantes en las reuniones cumplirán los criterios de la CST para "visitante", la mayoría de los participantes podrán ser "residentes locales" en la ciudad donde se celebra la reunión o en las inmediaciones de la misma, y no cumplir los criterios de la CST para "visitante", ya que no viajan fuera su entorno habitual. Aunque estos participantes no son visitantes y, por lo tanto, sus actividades económicas asociadas con las reuniones no se incluyen en la CST, si se omitiera su contribución económica se menoscabaría la contribución económica del sector de las reuniones a la economía.

El hecho de que algunos de estos participantes en las reuniones no sean visitantes y de que su actividad no se incluya en la CST significa que la CST no puede utilizarse directamente para evaluar la actividad de todos los participantes en las reuniones. En consecuencia, es preciso revisar la CST o incorporar elementos a la misma a fin de evaluar la actividad de todos los participantes en las reuniones.

Sin embargo, los consultores creen que la CST puede seguir siendo útil para estimar la contribución económica del sector de las reuniones. Para ello es necesario superar numerosos desafíos.

El análisis que figura a continuación se divide en dos partes principales. En la primera parte se explica sucintamente el modo en que los destinos pueden utilizar las CST existentes para estimar la contribución económica de las reuniones, y se indican los desafíos que esto conlleva. En la segunda parte se estudian las consecuencias de la elaboración de la nueva clase de actividad 823 de la Clasificación Industrial Internacional Uniforme de todas las Actividades Económicas, a saber, *Organizadores de convenciones y ferias comerciales*.

3.1 Los dos componentes de la contribución económica del sector de las reuniones

Existen dos aspectos importantes de la contribución económica de las actividades asociadas con las reuniones que deben considerarse.

Los criterios de evaluación del lado de la oferta se refieren al tamaño del sector específico que se está examinando – en este caso, las empresas o entidades contempladas en la definición específica del "sector de las reuniones" que se adopta, por ejemplo, en la clase 823 de la CIIU. Podríamos considerar que éstas incluyen las empresas que organizan las principales reuniones profesionales. Estos criterios incluirán variables como el número de reuniones celebradas, el empleo, en número de empresas que participa en el sector de las reuniones, la contribución al PIB, etc. Evaluarán la actividad del llamado "sector de las reuniones", incluida la actividad derivada de la demanda de los visitantes y de los no visitantes. No incluirán la actividad de otros segmentos del sector, como el alojamiento, el transporte o la restauración, derivada de la demanda generada por los participantes en las reuniones/eventos, y tampoco incluirán la actividad de organizar/acoger reuniones, cuando ésta sea una actividad secundaria de un empresa (por ejemplo, un hotel), que se incluirá en el sector "Alojamiento".

Los criterios de evaluación del lado de la demanda incluyen variables como los gastos incurridos por los participantes en las reuniones, el número de participantes, el origen de los participantes, sus perfiles demográficos, etc. También incluirían la demanda de los participantes en las reuniones/eventos de bienes y servicios proporcionados por sectores distintos del sector de las reuniones, por ejemplo, restauración, alojamiento, esparcimiento, transporte, etc. Una parte de esta demanda procederá del grupo tradicionalmente definido como "visitantes" y ya estará incluida en sus diversas categorías dentro de la CST. Otra parte de esta demanda procederá de participantes locales (no visitantes) en reuniones que no se han incluido en los criterios de la CST.

Los criterios de evaluación del lado de la oferta y la demanda son bastante diferentes, y el usuario debería tener muy claro qué está evaluándose exactamente. Cada criterio tiene un propósito distinto. Estimar la contribución económica total de la actividad referente a las reuniones supondrá identificar la envergadura del sector de las reuniones propiamente dicho (la dimensión de la oferta), así como el consumo total de los participantes derivado de su participación en las reuniones/eventos (la dimensión de la demanda).

3.2 Utilización de una CST existente para proporcionar estimaciones indicativas de la contribución económica del sector de las reuniones

En el Sistema de Cuentas Nacionales (SCN), la magnitud del sector y su importancia económica suelen evaluarse exclusivamente desde la perspectiva de la oferta. En los últimos años se han elaborado

Cuentas Satélite de Turismo para estimar la contribución económica de la industria turística a la economía. La CST es un concepto relativamente nuevo en términos de contabilidad nacional – equipara la actividad de los consumidores pertinentes (es decir, de los visitantes) desde la perspectiva de la demanda con la actividad asociada con lado de la oferta realizada en los sectores que atienden esta demanda.

Una CST extrae de las cuentas nacionales las estimaciones de la contribución del turismo a cada sector de la economía, por lo que permite evaluar el grado en que el turismo contribuye al VAB y el empleo, y realizar comparaciones con otros sectores enumerados en las principales cuentas nacionales. La CST evalúa el consumo turístico y lo relaciona con la producción total de los sectores conexos al turismo. Esto permite identificar y evaluar las actividades de la "industria turística" desde la perspectiva de la oferta. Al agregar la actividad de cada sector derivada de la demanda turística, puede examinarse la actividad total de la "industria turística" y compararse con la actividad de los sectores tradicionales enumerados en las cuentas nacionales.

Así pues, la CST identifica las actividades turísticas realizadas en el marco de las cuentas nacionales, para que pueda reunirse un gran volumen de datos económicos sobre el turismo. En la actualidad, unos 80 países han elaborado o están elaborando una CST para su economía.

Al evaluar la actividad económica de los sectores en el SCN sólo se considera la actividad directa de cada sector. Es decir, la actividad indirecta o antecedente derivada de la actividad de cualquier sector no se tiene en cuenta al determinar la contribución de dicho sector a la economía. Este mismo principio se aplica a la CST. De este modo, por ejemplo, la CST no incluye la actividad de los proveedores de productos destinados al sector del alojamiento (proveedores de alimentos, servicios de limpieza, suministro de electricidad, etc.), sino que sólo incluye la actividad de aquellas empresas que proporcionan directamente bienes y servicios al consumidor (los visitantes).

Por este motivo, cuando se utilice la CST para evaluar la actividad económica del sector de las reuniones, no se incluirá la actividad antecedente derivada de las actividades de este sector (por ejemplo, proveedores de equipo para reuniones y eventos; servicios de limpieza de los lugares de reunión, etc.). Si esta contribución indirecta es necesaria – para combinarla con la evaluación de la actividad directa del sector a fin de estimar la contribución total de la actividad referente a las reuniones –, entonces deberán realizarse otros análisis.

La OMT ha identificado los beneficios potenciales del desarrollo de una CST:

> *"aumentar y mejorar los conocimientos sobre la importancia del turismo en relación con la actividad económica global de un determinado país; ofrecer un instrumento para elaborar políticas más eficaces respecto al turismo y su repercusión sobre el empleo; y crear una conciencia entre los diversos agentes que participan directa o indirectamente en el turismo sobre la importancia económica de esta actividad y, por extensión, de su papel en todas las industria que toman parte en la producción de los bienes y servicios que demandan los visitantes"* [www.world-tourism.org/statistics/tsa-project]

La CST proporciona un marco que puede utilizarse con miras a producir beneficios similares para el sector de las reuniones, al dar mayor rigor y credibilidad a su evaluación, y al crear mayor conciencia sobre la importancia del sector. Sin embargo, en el empeño por lograr este objetivo surgen una serie de dificultades que se examinarán más adelante.

3.3 Limitaciones de la utilización de la CST al evaluar la actividad relativa a las reuniones

En su fase actual de desarrollo, la CST no permite evaluar o estimar de un modo razonable la magnitud de la actividad referente a las reuniones, lo que fundamentalmente obedece a que la actividad asociada con las reuniones no es un subconjunto de la actividad turística, como se ha señalado anteriormente. Estas dos actividades se solapan, pero ninguna está plenamente abarcada por la otra. El grueso de la actividad turística es una actividad no relacionada con las reuniones, mientras que una gran parte – en algunos países, la mayor parte – de la actividad asociada con las reuniones es la actividad realizada por los residentes locales que no son visitantes del lugar y, por lo tanto, cuya actividad no se incluye en la CST.

Aun en el caso de que el turismo (y la CST) abarcara toda la actividad referente a las reuniones, la CST, tal como se recopilan los datos en la actualidad, no podría evaluar dicha actividad. Esto se debe a que, para medir la actividad relativa a las reuniones, se necesitarían datos adicionales que no se exigen actualmente para la CST.

La base de la CST es un cuadro sobre la oferta-utilización que divide la economía en "actividad turística" y "todas las demás actividades económicas". La actividad relacionada con las reuniones no se identifica. La CST calcula los ratios turísticos para los productos y sectores, es decir, qué proporción de productos y actividades de los sectores se derivan del consumo turístico. Dado que el nivel y la composición del consumo de los participantes en las reuniones son completamente diferentes de los de los "visitantes", los ratios turísticos no pueden utilizarse para evaluar la actividad relacionada con las reuniones. Si bien los ratios turísticos podrían calcularse para los "visitantes de negocios", se desconoce el modo en que éstos diferirían de los ratios que se aplicarían a los participantes en las reuniones. Es indudable que éstos serían diferentes, en particular teniendo en cuenta que el nivel y la composición del consumo de los participantes en las reuniones que no son visitantes (es decir, participantes locales) serían muy distintos de los correspondientes a los "visitantes de negocios".

Para utilizar la CST al objeto de evaluar la actividad referente a las reuniones, sería necesario reunir datos adicionales a los exigidos actualmente para la CST.

Con respecto a la dimensión de la oferta, se deberían recopilar datos económicos sobre los sectores identificados como "sectores característicos de las reuniones". Añadir una nueva categoría a la CIIU, cuestión que se aborda más adelante en el presente informe, sería muy útil a tales efectos.

Sin embargo, la existencia de categorías pertinentes de la CIIU no es suficiente – simplemente se proporciona el marco estadístico a nivel de sectores que facilita el acopio de los datos necesarios. Debería persuadirse a las oficinas nacionales de estadística para que reunieran los datos necesarios facilitados por estos sectores.

La recopilación de datos adicionales sobre el lado de la oferta proporcionaría una base para evaluar la actividad económica del sector de las reuniones.

Sin embargo, el marco para el acopio de datos del lado de la oferta, es decir, la CIIU o un derivado nacional, se construye de tal modo que cada empresa se asigna a la categoría del sector que refleja su actividad principal. Muchas empresas también tienen actividades *secundarias*. Por ejemplo, un hotel grande se incluiría en la categoría del sector del "Alojamiento", y toda su actividad, inclusive organizar y acoger reuniones/conferencias, se evaluaría como parte de dicho sector y no como parte del "sector de las reuniones".

Desde la perspectiva de la demanda, sería necesario ampliar la lista de "propósitos de la visita" en la recopilación y análisis de datos, con miras a identificar a los "participantes en las reuniones". En la actualidad, para muchos países estos visitantes se incluyen en la categoría "visitantes de negocios" y no se identifican de forma separada, lo que no supone ningún problema técnico. El principal problema serían los costos adicionales que supondría reunir y analizar estos datos.

Esta recopilación de datos adicionales seguiría sin abarcar el valor total del consumo de los participantes en las reuniones, ya que continuaría excluyéndose el consumo de los participantes locales (es decir, de los no visitantes). Sería preciso realizar un ejercicio aparte para evaluar este consumo.

3.4 La nueva clase 823 de la Clasificación Industrial Internacional Uniforme: "Organizadores de convenciones y ferias comerciales"

Si la CST ha de utilizarse para estimar la contribución económica de los participantes en las reuniones como un subconjunto de los visitantes, lo que se necesita es elaborar una definición clara de los términos "turismo de reuniones" y "visitante de reuniones".

La OMT, la ICCA e IMP proporcionan cierta orientación al respecto en su propuesta para el proceso de revisión de la CIIU, lo que se ha traducido en la creación de un nuevo código de la CIIU, a saber, el código 8230. Es decir, la CIIU está revisándose en la actualidad, y se incluirá en la misma una nueva categoría independiente:

- **823 Organizadores de convenciones y ferias comerciales**

  Véase la clase 8230

- **8230 Organizadores de convenciones y ferias comerciales**

  Esta clase incluye la organización, promoción y/o gestión de eventos, como ferias comerciales, convenciones, conferencias y reuniones, con independencia de que incluyan la gestión y el suministro de personal para explotar estas instalaciones en las que tiene lugar estos eventos.

Esto significa que habrá un grupo de actividad de la CIIU (CIIU 823/8230 Organizadores de convenciones y ferias comerciales) que abarque todas las empresas cuya actividad principal sea la descrita. Si bien algunas empresas tienen varias actividades, se les asignará la categoría que refleje su actividad principal.

La clase 8230 de la CIIU puede servir para delimitar el ámbito del sector de las reuniones, al proporcionar una definición coherente de la que el sector carecía hasta la fecha y aumentar así la credibilidad de las evaluaciones de su importancia económica.

El hecho de que el sector de las reuniones se clasifique o no como sector conexo al turismo dependerá en cierto grado de la proporción de sus ingresos que se atribuyan al turismo. Aunque no se especifica un umbral preciso para el porcentaje, éste no debería ser inferior al 25% en la mayoría de los casos. Los aspectos turísticos del sector de las reuniones son sus transacciones directas con los participantes en las conferencias considerados visitantes. Dada la magnitud de los gastos de los residentes locales (no visitantes) en actividades relacionadas con reuniones y eventos, parece muy probable que el "sector" de las reuniones esté por debajo del umbral del 25%. En este caso, puede ser importante desplegar esfuerzos para que el sector de las reuniones se considere un caso especial, de modo que quede identificado explícitamente como un caso especial en los cuadros de la CST.

El enfoque de la CST permite evaluar la contribución del "sector" al evaluar la actividad de todos los sectores pertinentes de la CIIU, así como la contribución total de los participantes en las reuniones a través de su consumo total de bienes y servicios. La identificación por separado de este sector significa que, una vez aplicada, los organismos de estadística podrán supervisar el sector del mismo modo que supervisan otros sectores más tradicionales.

3.5 Consecuencias de la clase 823 de la CIIU

Si bien muchas consecuencias de la utilización de la clase 823/8230 de la CIIU se han identificado más arriba, conviene reconocerlas explícitamente:

1. El código propiamente dicho podría excluir algunos tipos de proveedores que se puedan querer considerar como parte del sector de las reuniones. Las empresas que pueden no estar representadas en la clase 8230 de la CIIU incluyen agencias especializadas en viajes de incentivo, o planificadores empresariales internos, así como otro tipo de organizaciones. Por ejemplo, muchos hoteles pueden acoger reuniones, pero su actividad principal es proporcionar alojamiento, por lo que se incluirían en el código "Alojamiento" de la CIIU.

Asimismo, muchas asociaciones de todo el mundo son sede de reuniones/conferencias destinadas a sus miembros, pero su principal actividad no son los tipos de actividades contemplados en el código 8230 de la CIIU. Así pues, si bien el nuevo código de la CIIU será apropiado para la clasificación de empresas *principalmente* dedicadas a la organización de reuniones, conferencias, convenciones y ferias comerciales, esta categoría del sector no reflejará fielmente la actividad total de organizar reuniones.

Para la gran mayoría de las reuniones no se recurre a los servicios de organizaciones cuya *actividad principal* son las reuniones. Por ejemplo, como se ha señalado anteriormente, los hoteles más pequeños que carecen de un centro de convenciones o conferencias designado, seguirán ofreciendo en algunos casos servicios de organización y celebración de reuniones. En los casos en que la organización de dichas reuniones corre a cargo de un organizador profesional de reuniones que cumple las condiciones especificadas en la definición del código 8230 de la CIIU, esta actividad se incluirá en dicha categoría; en caso contrario, figurará como parte de la categoría "Alojamiento" de la CIIU.

Sin embargo, la utilización del concepto de actividad puede agrupar la elaboración de productos similares en los diferentes sectores en los que tiene lugar esta producción.

En el estudio de Deery et al (2005) se señala que sólo se recurre a los organizadores profesionales de conferencias y convenciones en el 10% de las reuniones celebradas anualmente en Australia. Estas empresas son agentes importantes y específicos del sector de las reuniones, ya que ésta es su actividad principal, pero no agotan todo el ámbito del sector desde la perspectiva de los gastos o los ingresos: muchas reuniones – incluidas las reuniones muy grandes – son organizadas por profesionales internos dentro de las asociaciones y empresas. Esto supone que, al utilizar el código para definir el sector de las reuniones desde la perspectiva de la oferta, puede que sólo se refleje un pequeño porcentaje de los insumos y productos de la producción de bienes y servicios asociados con las reuniones.

2. Dependiendo de las necesidades del cliente, pueden ofrecerse conjuntos de servicios diferentes y singulares relacionados con las reuniones. Esta característica puede complicar las cuestiones relativas a la evaluación, ya que éstos deberían añadirse para reflejar la producción del sector. Por lo general, el consumo de servicios de alojamiento, transporte, provisión de alimentación, etc., por parte de los participantes en las reuniones se consideraría una actividad de los sectores pertinentes que prestan estos servicios a los asistentes, y no una actividad del sector de las reuniones. Sin embargo, esto se complica cuando, por ejemplo, el organizador de la reunión incluye en la cuota de inscripción en la reunión/conferencia los costos del alojamiento, del orador de la conferencia, del esparcimiento para la empresa, y puede que del transporte – servicios que serán ofrecidos directamente por las empresas, y no por el organizador de las reuniones, a los participantes en las reuniones. Esta misma cuestión se plantea cuando un organizador de una exposición cubre los gastos de diversos bienes y servicios con las cuotas de inscripción cobradas a los expositores. Ambos casos son análogos a la situación en la que una agencia de viajes vende un conjunto de servicios en el marco de un viaje combinado – que incluyen varios productos (por ejemplo, alojamiento, transporte, excursiones, etc.) – que prestará directamente la empresa, y no la agencia de viajes, al participante. La pregunta que se plantea es: ¿debería atribuirse a los proveedores de servicios el Valor Bruto Añadido al prestar estos servicios, considerando el conjunto de servicios como un solo producto (conocido como enfoque "bruto") o, en su lugar, atribuirse a los proveedores directos de cada componente del conjunto de servicios, es decir, al sector del alojamiento, el transporte, las atracciones turísticas, etc. (conocido como enfoque "neto")?

Al compilar la CST, la OMT recomienda adoptar el enfoque "neto". Para ser coherentes con las directrices de la OMT, este enfoque debería adoptarse al evaluar el sector de las reuniones, utilizando la CST como base. La posible desventaja de este enfoque es que la aparente contribución económica del sector de las reuniones será inferior a la que indicaría un enfoque bruto. Sin embargo, es importante que el enfoque adoptado sea coherente con las normas oficiales existentes, para asegurar que la metodología se acepta porque proporciona una evaluación objetiva y creíble del sector.

3. También podría señalarse que la inclusión del nuevo código en la CIIU no supone en sí misma que los organismos centrales de estadística apliquen el nuevo código de 3 (y 4) cifras de la CIIU para las reuniones, ni que recopilen automáticamente esta información como lo harían para otros sectores. En la mayoría de los casos, la información sobre el sector se recopila a un nivel superior (2 cifras – o incluso 1 – de la CIIU). Tendría que convencerse a los organismos para que reunieran datos sobre dicho sector a este nivel inferior. Esto supondría más costos para los organismos en materia de acopio de datos, por lo que podrían oponerse a ello.

   Una cuestión relacionada es que, si bien la CIIU puede incorporar este nuevo código, cada país tendrá que decidir si crea un código correspondiente en su sistema nacional de clasificación industrial. Incluso en este caso, cambiar dichos sistemas de clasificación puede exigir mucho tiempo, y podrían pasar años hasta que se incluyera realmente el nuevo código.

4. Es preciso examinar atentamente la presentación de los resultados estadísticos. La adopción del nuevo código 8230 de la CIIU será útil para aumentar dicha credibilidad si es aplicado por los organismos centrales de estadística, ya que mostrará que estos organismos apoyan un elemento importante del sector de las reuniones. Cuando la evaluación del sector de las reuniones se base en datos de la CST, su credibilidad aumentará debido a que la CST forma parte de las cuentas nacionales oficiales, por lo que tiene la credibilidad y la categoría de una evaluación basada en dichas cuentas.

3.6 Presentación de los resultados: la "cuenta satélite" de una reunión

Otra cuestión se refiere al modo en que se presentarían los resultados de cualquier evaluación del sector de las reuniones.

Puede afirmarse que la credibilidad de las estadísticas sobre el sector de las reuniones dependerá en último término de si pueden o no incorporarse a la corriente principal de la CST (o al SCN propiamente dicho). Desde esta perspectiva, establecer algún tipo de vínculo con la CST puede ser el mejor modo de orientar la credibilidad con respecto al sector de las reuniones, ya que se asociaría el sector con una estructura de contabilidad nacional existente y creíble que ya incorpora la forma de análisis de la demanda recomendada en el presente informe para el sector de las reuniones. La creación de una identidad totalmente nueva para la actividad relativa a las reuniones, independiente de la actividad turística, sería un proceso largo y difícil. No es obvio que el sector de las reuniones tenga en sí mismo la influencia política para tener éxito sin un componente tan importante como la comunidad turística.

En la práctica, las opciones se limitan a las siguientes:

1. incorporar las estadísticas a la CST, identificándose el sector de las reuniones como otro sector turístico,
2. incorporar las estadísticas al marco de la CST como un conjunto complementario de cuadros en el que se identifique específicamente la actividad referente a las reuniones, o
3. considerarlas como una cuenta satélite aparte.

Por lo tanto, existen tres opciones.

La primera opción supone que el sector de las reuniones es una actividad característica del turismo, como el alojamiento, el transporte de pasajeros, las agencias de viajes, etc. No se ha demostrado que éste sea el caso, al menos en el plano nacional. El sector de las reuniones no es un subconjunto claro de la industria turística – de hecho, el nuevo código 8230 de la CIIU abarcará la actividad realizada por los organizadores de conferencias en nombre de los participantes en las reuniones y conferencias que residen en el lugar en que éstas se celebran y de los participantes que visitan el lugar (ya sean visitantes internacionales o internos). Puede que la actividad de algunos organizadores contemplados en este código apenas esté orientada a los "visitantes" tal y como están definidos en la CST.

La segunda opción (considerar una extensión del sector pertinente para el sector de las reuniones) parece ser la mejor alternativa. Dicha extensión podría conllevar, por ejemplo, la información habitual sobre la oferta y la demanda con respecto al sector, más otras informaciones y características no incluidas habitualmente en la CST. La CST podría ser un instrumento y un marco de apoyo, pero podría incluirse en la misma más información sobre el sector de las reuniones. Aunque no existen referencias para estas extensiones específicas del sector, pueden encontrarse analogías de este enfoque, por ejemplo, en la Balanza de Pagos, como partidas informativas, donde se proporciona información fuera de las directrices específicas de la Balanza de Pagos, pero que sigue interesando a los usuarios. En Australia, por ejemplo, las partidas informativas de la Balanza de Pagos identifican las exportaciones e importaciones turísticas. En el caso de Canadá, se ha utilizado una partida informativa para proporcionar un desglose de los viajes por provincias. En realidad, éstos no son componentes de la Balanza de Pagos. Facilitan más detalles sobre la compilación habitual de la Balanza de Pagos y proporcionan otras informaciones útiles. (Estos análisis podrían realizarse para cualquier sector en el SCN, en el que existen y son importantes algunas características descriptivas, pero que no se incluyen en los requisitos específicos del SCN). En este contexto, el sector de las reuniones podría utilizar la sinergia del marco de la CST, y añadir información adicional que revista particular interés como partida informativa. El propio sector podría identificar estas características.

Los cuadros que se elaborarán como complementos de los principales cuadros de la CST podrían establecerse al estilo de la CST: RMC (consumo por productos y categorías de visitantes, y cuentas de producción para el sector).

El sector de las reuniones contribuiría de un modo muy valioso al debate, examinando estas propuestas antes de identificar los cuadros óptimos para sus necesidades específicas.

Por último, la tercera opción, aunque tal vez sea idónea desde la perspectiva del sector, es improbable que sea aceptada por los organismos de estadística, al menos hasta que éstos tomen conciencia de la importancia que reviste el sector. El sector puede contribuir a ello, al comunicar su criterio a los organismos de estadística sobre número de reuniones celebradas en países específicos y sobre el porcentaje de estas reuniones que se organizan en el sector de las reuniones.

3.7 Conclusiones

Un sistema internacional creíble que se incorpore finalmente a la corriente principal de la CST exige tomar medidas para elaborar definiciones coherentes de reuniones.

El marco de la CST deja margen para una percepción especial de los sectores relacionados con el turismo. El término "extensión de la CST" debería entenderse como un conjunto complementario de datos sobre una cuestión específica de interés especial para el análisis económico relacionado con el turismo (como la conexión del turismo con el sector de las reuniones), que también puede incluir algunos aspectos de precisión conceptual a propósito del texto oficial de la CST. La comparación más cercana podrían ser las partidas informativas de la Balanza de Pagos.

Las CST proporcionan un mecanismo para que los países estimen la contribución económica de los diversos componentes de la industria turística. El objetivo del presente estudio ha sido realizar una labor preliminar con miras a la elaboración de una metodología uniforme para estimar el valor económico del sector de las reuniones sobre la base de las CST. Esta iniciativa debería adaptar el marco conceptual de la CST y crear conciencia a nivel mundial sobre la necesidad de que los responsables de compilar las CST identifiquen y evalúen adecuadamente el sector de las reuniones. La incorporación explícita de las reuniones a la CST aumentaría la credibilidad de cualquier evaluación de la contribución económica de este sector.

Si bien es posible presentar un marco para ayudar a estimar el valor del sector de las reuniones a nivel mundial, la falta de coherencia en lo que respecta al método y a la frecuencia con la que se reúnen los datos seguirá dificultando los progresos. La OMT deberá prestar particular atención al perfeccionamiento permanente del proceso global de acopio de datos, y el presente estudio proporcionará criterios y recomendaciones para las estadísticas que se recopilan y los supuestos implícitos en las mismas.

Capítulo 4

Marco para una evaluación del sector de las reuniones

En el siguiente capítulo se expone a grandes rasgos una posible estrategia para la recopilación de los datos necesarios a fin de proporcionar una estimación de la contribución económica descrita en la sección 4.1. Los métodos se basan aproximadamente en los utilizados en el estudio *National Business Events Study* (Deery et al, 2005), teniendo en cuenta las lecciones aprendidas durante dicho estudio.

4.1 Problemas de evaluación

La evaluación del sector de las reuniones ha planteado varios problemas importantes hasta la fecha. Estos problemas de evaluación, que afectan a los criterios tanto del lado de la oferta como de la demanda, surgen porque:

- las clasificaciones industriales uniformes (por ejemplo, la CIIU) no identifican (actualmente) un sector de las reuniones independiente,
- los datos reunidos a través de las encuestas existentes muestran una gran diversidad e incoherencia,
- los datos se crean con diferentes propósitos y muchas veces no son comparables,
- con frecuencia, los datos no reflejan normas estadísticas aceptables.

Idealmente, debería haber un acuerdo sobre los datos fundamentales que han de reunirse para estimar la contribución económica del sector de las reuniones. Los organismos de estadística de los diferentes países también deberían adoptar el mismo método de acopio de datos fundamentales para el sector de las reuniones y el mismo enfoque para estimar su contribución económica. Esto aumentaría la credibilidad de las estimaciones realizadas y facilitaría la comparación de los resultados del sector de las reuniones entre los destinos y con otros sectores.

La magnitud y el valor de la contribución económica de las "reuniones" dependen de la definición del sector de las reuniones tanto en términos globales como en términos de sus partes constituyentes (reuniones, viajes de incentivo, convenciones y exposiciones). Las definiciones formuladas en el capítulo 3 pueden ayudar a definir el término "participante en las reuniones". Como se ha indicado anteriormente, en la actualidad existe una gran confusión en el sector con respecto a las definiciones apropiadas del término "reuniones". Hemos visto que las definiciones propuestas difieren con respecto al número exigido de participantes, la combinación de nacionalidades, la duración, etc. La utilización de la CST para estimar la contribución económica del sector de las reuniones exige determinar claramente qué se entiende por participantes en las reuniones. Las diferentes definiciones se traducirán en diferentes cifras y cómputos de gastos con respecto a los participantes.

Es evidente que el conjunto de actividades/sectores relacionados con el turismo (característica más conexa) no corresponde a lo que podría considerarse el conjunto de actividades/sectores "relacionados con las reuniones". Lo que se necesita es que la CST, o un subconjunto de la CST del sector de las reuniones, identifique sectores específicos que representen relativamente la actividad de este sector. Para ello es necesario que la clasificación industrial utilizada identifique los sectores pertinentes. En estos momentos, la versión actual de la CIIU – en la que muchos países basan sus clasificaciones industriales nacionales oficiales – no identifica una categoría específica de "organizadores de reuniones". Dichas empresas se incluirían actualmente en una categoría amplia que abarca una gama de empresas proveedoras de diversos servicios. Esta categoría es demasiado general para utilizarla con miras a evaluar la actividad del sector de las reuniones.

Si no se adoptan definiciones coherentes, los resultados no serán comparables con el tiempo o entre países o jurisdicciones. Esto evitaría evaluar la magnitud e importancia mundiales de este sector.

4.2 Datos que se deben reunir

Como se ha señalado en capítulos anteriores, para tener una visión global del sector de las reuniones es preciso conocer los componentes de la oferta y la demanda del sector.

Del lado de la demanda, se necesitan dos tipos de datos. El primer tipo de información es una estimación del número total de participantes agrupados en visitantes locales (pertenecientes a la región), visitantes internos (no pertenecientes a la región, pero sí al país) y visitantes internacionales (procedentes de otros países).

Es fundamental contar con datos fiables sobre los gastos para evaluar la contribución económica del sector de las reuniones. En el cuadro 4 se presentan las diferentes categorías de datos sobre los gastos que se necesitan y los métodos amplios que deben utilizarse.

Cuadro 4 Datos sobre los gastos: tipos de participantes en las reuniones y métodos amplios

Gastos de los visitantes internacionales	Gastos de los visitantes internos	Gastos de los participantes locales – no visitantes
1. Encuesta a los visitantes internacionales al llegar o salir del país – Es preciso que "Asistir a una reunión" sea una categoría de objetivo del viaje 2. Encuestas a los participantes en las reuniones	1. Encuestas por hogares a los visitantes internos tras finalizar su visita – Es preciso que "Asistir a una reunión" sea una categoría de objetivo del viaje 2. Encuestas a los participantes en las reuniones	1. Encuesta a los participantes en las reuiones

El segundo tipo de datos son los detalles de sus gastos en cuotas de inscripción y en otros bienes y servicios asociados con su participación en la reunión y, si son visitantes, los gastos en todos los bienes y servicios consumidos en el país o región de destino. En los países en que las encuestas al turismo receptor y emisor son suficientemente rigurosas y exhaustivas como para proporcionar estimaciones exactas del número de participantes en las reuniones y sus gastos, estas fuentes de datos proporcionarían parte de la información necesaria. Sin embargo, seguirían necesitándose algunos datos principales para determinar el número de participantes locales y sus gastos.

Del lado de la oferta, se necesitan datos sobre el número de reuniones y participantes. Esto proporcionará una estimación del número total de delegados agrupados en las tres categorías arriba mencionadas, a saber, visitantes locales, visitantes internos y visitantes internacionales. La población de interés depende de la definición del "sector de las reuniones". Si se adopta la definición que da a entender el nuevo código de la CIIU, entonces el acopio de datos deberá centrarse en las empresas identificadas por el código. Sin embargo, como se ha señalado en el capítulo 4, también será preciso estudiar otros sectores en los que se organizan o celebran reuniones como actividad secundaria.

Debería señalarse que este ámbito excluye la actividad relativa a las reuniones en los casos en que las reuniones son internas (es decir, organizadas y celebradas en las instalaciones de una empresa que no organiza reuniones como una actividad comercial). Incluir estas reuniones en el ámbito del sector exigiría una difícil, si no imposible, labor de recopilación de datos del lado de la oferta, ya que todas las empresas del país quedarían englobadas dentro del ámbito.

4.3 Recopilación de datos sobre los gastos

A continuación se describe a grandes rasgos una estrategia de acopio de datos sobre los participantes en las reuniones.

Se ha elaborado una serie de cuatro proyectos de cuestionarios que contienen los datos que han de reunirse, con el propósito de obtener información sobre los lugares, organizadores, delegados y expositores. Estos cuestionarios se presentan en el anexo G.

Paso 1: Elaboración de un marco muestra de lugares de reuniones comerciales estratificadas por variables apropiadas, como el tamaño, la región y el volumen anual de negocios.

Paso 2: Acopio de datos a partir de una muestra representativa de estas empresas que identifique el número total de reuniones celebradas, el número total de delegados y la región de origen de los participantes. Podría pedirse a las empresas encuestadas que faciliten un marco muestra de participantes o que enviaran una encuesta por correo electrónico a los participantes a sus reuniones.

Paso 3: Examen de los datos contenidos en las encuestas realizadas al turismo receptor y a los visitantes internos con miras a identificar el número de participantes que visitaron la región en cada categoría.

Paso 4: Estimación del número de participantes locales, sustrayendo el número de participantes que fueron visitantes (paso 3) del número total de participantes (paso 2).

Paso 5: Los datos sobre los gastos de los participantes se reunirán por medio de una encuesta, probablemente distribuida por Internet, que se realizaría a los participantes identificados en el marco de la encuesta (paso 2).

Véase el anexo G si desea consultar los modelos de cuestionarios utilizados para recopilar estos datos.

4.4 Lecciones extraídas de estudios anteriores en el sector de las reuniones

Los consultores tienen experiencia práctica en materia de recopilación de datos sobre el lado tanto de la oferta como de la demanda del sector de las reuniones a través de su estudio *National Business Events Study* (2005). A continuación se presenta un breve resumen de algunas de las dificultades experimentadas durante el estudio aquí presentado al objeto de elaborar un programa para la recopilación de datos que mitigue estas dificultades.

1. En el plano nacional (o incluso a un gran nivel regional subnacional) es difícil identificar un amplio marco de la muestra de reuniones comerciales, a menos que sean miembros de una asociación del sector. Si no existe una asociación del sector, o si existen motivos para creer que la composición de la asociación no es amplia, entonces necesita elaborarse una norma sencilla para la inclusión en el marco de la muestra, como la promoción en una guía comercial de los servicios prestados por los lugares de reuniones. Idealmente, los criterios de inclusión en el marco de la muestra de los lugares de reuniones debería ser coherente en todos los países y regiones que realizan este ejercicio, por lo que podría ser apropiado que la OMT definiera dichos criterios.

2. La información que se solicita a los directores de los lugares de reuniones es compleja, y puede llevarles cierto tiempo recopilarla; esto depende de cómo se almacene dicha información y del

período de tiempo que se abarque, por ejemplo, un año, un trimestre, un mes, etc. Con frecuencia, si las preguntas de los cuestionarios son difíciles de responder no se obtiene ninguna respuesta (porque los encuestados no pueden o no se molestan en proporcionar la información) o se comete un error en la encuesta (porque los encuestados no se toman el tiempo de reunir correctamente la información). Para promover la exactitud, deberían realizarse esfuerzos a fin de simplificar al máximo la tarea de responder a los cuestionarios. Con este propósito, el STCRC ha lanzado un proyecto en cuyo marco se estudian métodos para obtener información sobre los lugares de reuniones directamente de los sistemas de reserva, en lugar de obtenerla mediante encuestas a los directores de estos lugares.

3. Se ha señalado que pueden realizarse encuestas al turismo receptor y a los visitantes internos para obtener estimaciones del número de visitantes a las reuniones. Sin embargo, los motivos de su visita pueden ser múltiples, y todas las personas que asisten a una "reunión" pueden no identificarla como el principal propósito de su viaje. Por lo tanto, estas encuestas deben incluir una pregunta adicional específica sobre si asisten a una reunión, conferencia, exposición o evento de incentivo durante su viaje.

4. Las tasas iniciales de respuesta por parte de los operadores del lado de la oferta (organizadores y lugares de reuniones) fueron muy bajas, y sólo se obtuvieron tasas de respuesta aceptables a través de un amplio seguimiento que exigió un trabajo intensivo (repetidos correos electrónicos y llamadas telefónicas). Parece que los operadores del sector de las reuniones están sumamente preocupados por las consecuencias competitivas del intercambio de información entre las empresas. Por este motivo, se propone que la recopilación de datos corra a cargo de una organización de investigación independiente a través de asociaciones del sector que promuevan entre sus miembros la importancia que reviste su participación para el sector en su conjunto.

4.5 Encuestas a los participantes en las reuniones

Existen dos formas de obtener información sobre los gastos de los visitantes asociados con el sector de las reuniones:

a. a partir de las encuestas realizadas a los visitantes en general para obtener estadísticas generales de turismo, por ejemplo, encuestas turísticas nacionales o regionales a los visitantes internacionales o internos, y

b. a partir de encuestas personalizadas orientadas específicamente a los participantes durante o inmediatamente después de su asistencia a las reuniones.

a. A partir de encuestas turísticas a los visitantes

Algunos países incluyen específicamente la asistencia a las reuniones en sus encuestas turísticas a los visitantes. En el caso de los visitantes internacionales, esta información obtenerse de las tarjetas oficiales de llegada/salida de inmigrantes que rellenan estos visitantes en los puestos fronterizos o a través de encuestas turísticas específicas a los mismos. Éstas pueden ser un instrumento útil para estimar la asistencia total a las reuniones de los visitantes internacionales y posiblemente a efectos de ponderación para otros datos más detallados de la encuesta.

Los gastos de los participantes en las reuniones pueden estimarse a través de encuestas turísticas generales que incluyen información sobre los gastos. En muchos países, éstas son realizadas por las autoridades turísticas gubernamentales o por organismos mixtos gubernamentales de la industria turística. Éstos utilizan técnicas como encuestas por hogares, muestras de encuestas sobre las salidas de turistas o registros diarios mantenidos por grupos representativos de visitantes encuestados con este propósito.

Por lo general, estas encuestas son gestionadas por agencias gubernamentales y suponen un muestreo a gran escala y un gran número de preguntas. El grado en que pueden identificarse los pequeños grupos individuales (como los participantes en las reuniones) dependerá del tamaño de la muestra y del consiguiente nivel de error de muestreo. Cabría esperar que el tamaño de las muestras tuviera que ser muy grande y, por supuesto, más grande que el de la mayoría de las muestras empleadas en las encuestas turísticas nacionales actuales, con miras a garantizar unos resultados estadísticamente significativos para los participantes en el sector de las reuniones. Aumentar el tamaño de las muestras para obtener resultados estadísticamente significativos puede ser caro y exigiría el firme compromiso del gobierno y de la industria con los objetivos que se pretenden alcanzar de este modo.

Un problema que surge al evaluar la participación de los visitantes en las reuniones está relacionado con el modo en que debe identificarse dicha participación en la pregunta contenida en la encuesta turística. Por ejemplo, ¿puede el tipo de marca utilizable en una gran encuesta turística reflejar con exactitud el sector de las reuniones tal como nos proponemos definirlo? Puede que una pregunta como "¿Fue el principal motivo de su visita asistir a una conferencia o convención?" no capte todos los matices de la asistencia a un posible evento del sector de las reuniones, pero ampliar el texto de una encuesta turística que ya es grande supondrá más gastos y posiblemente acabará cansando a la persona encuestada. Asimismo, el uso del término más general "reunión" puede suponer una ambigüedad considerable para muchos viajeros que asistirán a reuniones durante su visita que no estarían contempladas en la actividad del sector de las reuniones a la que se hace referencia aquí. Por lo tanto, será necesario hallar un modo fácil de transmitir la definición de "reunión" en el contexto del instrumento de encuesta.

Otro problema surge cuando un viajero tiene un doble motivo para su visita (por ejemplo, asistir a una conferencia y visitar a familiares, o ir de vacaciones). El cuestionario de la encuesta debería estar concebido de forma que los visitantes pudieran identificar ulteriormente otros propósitos de su visita además de su propósito principal. Los propósitos secundarios deberían incluir "participar en una reunión/conferencia/convención/etc.". De este modo se asegurará que se identifica a **todos** los visitantes que viajan al destino con el objetivo principal de asistir a una reunión. Se recomienda incluir en la estimación a todas las personas identificadas que participan en una reunión, con independencia de que éste sea el motivo principal o secundario de su visita. De este modo se estimará con más exactitud la contribución de todos los participantes en las reuniones.

Otro problema se refiere a las personas que acompañan a los participantes en las reuniones. Es frecuente que los cónyuges acompañen a las mismas y que identifiquen el objetivo principal de esta visita como "vacaciones" (u otro objetivo). Todos los gastos incurridos por el acompañante deberían incluirse en los gastos relacionados con las reuniones, conformemente con el principio de que el propósito de la visita debería identificarse como propósito "sin el cual la visita no habría tenido lugar". En este caso, se supone que el acompañante no habría visitado el lugar si la reunión no hubiera tenido lugar (aunque esta persona no participe personalmente en dicha reunión). Para contribuir a esta estimación, se recomienda incluir en la lista de propósitos (principal y secundario) de la visita "Visitante acompañante de la convención/conferencia/seminario/feria comercial/exposición".

b. A partir de encuestas personalizadas

Los gastos de los participantes en el destino pueden estimarse mediante encuestas personalizadas a los participantes en las "reuniones" contempladas en la definición del sector de las reuniones. Estas encuestas deberían abarcar una amplia gama y un número suficientemente grande de reuniones para ser estadísticamente fiables. Como tal, este enfoque también es caro. Si el proceso de la encuesta está impulsado por el sector de las reuniones, y no por el gobierno, este enfoque probablemente sea la única opción disponible. Estas encuestas exigirán la participación activa de los organizadores individuales del sector de las reuniones. Éstos estarían sujetos a las limitaciones habituales de la utilización de encuestas, y debería actuarse con cautela al utilizar e interpretar los resultados. Sin embargo, la realización continua de encuestas es una empresa cara.

Otro problema se plantea al encuestar a los participantes en las reuniones que son residentes del país en el que éstas se celebran. Estos residentes pueden clasificarse como "visitantes internos" o "residentes locales". La distinción entre "internos" y "locales" se realizaría (según las normas de la

ONU/OMT sobre las estadísticas de turismo) fundamentalmente sobre la base de que el visitante/participante haya viajado o no fuera de su entorno habitual.

Con respecto a los visitantes internacionales, el gasto de los residentes en el destino (visitantes internos o locales) puede estimarse a partir de las encuestas turísticas generales o específicamente orientadas a los participantes en las reuniones. Es probable que se prefieran claramente las encuestas específicas en este caso, para captar los gastos incurridos por los participantes en las reuniones que son residentes locales que se omitirán en otras encuestas turísticas.

4.6 Gastos en viajes para asistir a reuniones celebradas en otros países

Se plantea un problema en relación con el trato de los gastos en el país/lugar de origen del participante en la reunión relacionados con la asistencia a una reunión o evento celebrado en otro país/lugar. Una parte de estos gastos contribuirán a la economía del país/lugar de origen, mientras que otra parte contribuirá a la economía del país/lugar de destino.

Por ejemplo, el participante puede pagar a una agencia de viajes establecida en el país/lugar de origen para que le consiga un lugar de alojamiento en el país/lugar de destino. Este pago contribuye a la economía del país/lugar de destino, y no a la economía del país/lugar de origen. Por lo tanto, este gasto no debería incluirse en una estimación de la contribución de las reuniones a la economía del país/lugar de origen. Sin embargo, el VAB de la agencia de viajes contribuye a la economía del país/lugar de origen, por lo que debería incluirse. Ésta sólo será una parte del pago efectuado a la agencia de viajes por el participante en la reunión, pero debe incluirse en la estimación para asegurar que se calcula todo el valor de la actividad relacionada con las reuniones para la economía.

Cuando los pagos se realizan a una empresa organizadora de eventos o reuniones establecida en el país/lugar de origen y deben transferirse al organizador de la reunión o al proveedor de los servicios en el país/lugar de destino, por ejemplo, como pago de la cuota de inscripción a la conferencia o del alojamiento, estos pagos se convierten en los ingresos del sector de las reuniones en el país/lugar de destino.

Sin embargo, un componente de tales pagos puede estar relacionado con los servicios prestados en el país/lugar de origen, de hecho, el valor añadido proporcionado por el personal de la empresa organizadora de reuniones establecida en el país/lugar de origen. En términos de contabilidad nacional y para ser coherentes con la CST, este valor añadido generado en el país/lugar de origen debería incluirse como parte de la producción del sector de las reuniones y eventos en el país/lugar de origen, y no en el país/lugar de destino.

El principio fundamental en este caso es que todo VAB generado por una empresa establecida en el país/lugar de origen que esté relacionado con la actividad relativa a las reuniones en otro país/lugar debería incluirse en la estimación de la contribución de las reuniones a la economía del país/lugar de origen.

4.7 Utilización de los datos de las encuestas para estimar la contribución económica del sector de las reuniones

En la actualidad, los datos sobre los gastos pueden utilizarse para estimar la contribución económica del sector de las reuniones. Los gastos de los participantes en las reuniones (y los de sus acompañantes) constituyen una aportación importante al calcular la contribución económica del sector de las reuniones con respecto a variables como el Valor Añadido Bruto y el empleo.

El método descrito introduce técnicas coherentes y creíbles para realizar la estimación, utilizando conceptos y métodos de la CST, pero inevitablemente depende en gran medida de las encuestas realizadas en el sector y de los tipos de datos existentes. Teniendo en cuenta que los gastos relativos a los diferentes sectores (por ejemplo, alojamiento, transporte aéreo y marítimo, casinos y otros servicios de juegos de azar) tendrán efectos diferentes en el valor añadido y el empleo en la economía en general, es fundamental que las encuestas sobre los gastos reflejen con exactitud las pautas de compra de los participantes en las reuniones. Es necesario proceder con la máxima cautela para que las encuestas cumplan con los requisitos en materia de muestreos estadísticos correctos y de metodologías estadísticas fiables.

Un problema que plantean las encuestas sobre los gastos es que la información que proporcionan es muy global o "categórica". Por lo general, la información obtenida a través de las encuestas no es lo suficientemente detallada como para conocer los bienes y servicios específicos que compran los participantes en las reuniones, salvo en categorías generales como "compras", "alojamiento" o "visitas turísticas". Las lagunas en nuestros conocimientos afectarán la estimación de la contribución económica de los participantes en las reuniones, ya que las compras de los diferentes productos se asocian con diferentes efectos del valor añadido y el empleo. Este problema es el mismo para el "turismo de las reuniones" que para el "turismo de ocio" o el "turismo de negocios" en general, y pone de relieve una preocupación más general que suscita la utilización de la CST para estimar la contribución del turismo a la economía. Por supuesto, pueden crearse instrumentos de encuesta más detallados que distingan una mayor variedad de bienes y servicios comprados por los participantes en las reuniones, pero probablemente esto dé lugar a que disminuya la tasa de respuestas de los delegados y, por tanto, a que las encuestas pierdan exactitud.

Dado que no es práctico elaborar encuestas tan detalladas que abarquen todos los bienes y servicios comprados por los participantes en las reuniones, se pedirá opinión a los analistas. Anteriormente se ha indicado que las encuestas sobre los gastos pueden basarse en un enfoque general de encuestas a turistas o en encuestas personalizadas a los participantes en las reuniones. Siguiendo cualquiera de estos métodos, la recopilación de datos coherentes y fiables supone grandes costos financieros. No todos los países tienen encuestas amplias orientadas a los visitantes internos e internacionales que incluyan información sobre los gastos. Incluso aquellos países que las tienen tendrían que añadir preguntas y probablemente necesitarían aumentar el tamaño de la muestra para garantizar la fiabilidad estadística de los resultados de la misma, lo que supondría grandes gastos y un firme compromiso político.

Independientemente del grado de exactitud de las encuestas en un momento dado, las pautas de los gastos pueden cambiar con el tiempo de un modo impredecible. Las pautas de gastos de los participantes en las reuniones pueden cambiar a medida que se ofrezcan nuevos servicios y productos. Estos cambios afectarán a la contribución económica de los participantes en las reuniones a un destino.

También sucede que la minuciosidad que exige la elaboración de estimaciones de la contribución económica de las reuniones es mucho mayor que el grado de detalle que suelen proporcionar a este respecto las cuentas nacionales. Algunos sectores y productos identificados como útiles al examinar la bibliografía pertinente son más detallados, o no coinciden exactamente con las categorías de sectores y productos que figuran en los cuadros nacionales sobre la oferta y la utilización, ni con las categorías contenidas en la CST.

4.8 Evaluaciones trimestrales de los resultados del sector de las reuniones

La evaluación de la actividad relacionada con las reuniones que se aborda en el presente informe abarca la actividad del sector durante un año completo. Por lo general, sería un año civil o un año financiero. Para la mayoría de los países, esta estimación no se realizaría para cada año, debido a que la CST, en la que se basa la estimación, sólo suele producirse periódicamente – por ejemplo, cada cinco años aproximadamente. Asimismo, puede ser necesario que transcurran varios años después del año de referencia para elaborar la CST, porque la recopilación, el procesamiento y la manipulación de los datos contenidos en la CST requieren bastante tiempo. Por lo general, una CST se elaboraría dos o tres años – e incluso más – después del año de referencia. Si la CST se produce cada cinco años, entonces los últimos resultados podrían referirse al período de siete o más años antes.

El sector turístico está sujeto a cambios en la demanda muy rápidos y a corto plazo. No sólo está sujeto a cambios estacionales – que en muchos destinos pueden ser importantes –, sino también a una amplia gama de factores influyentes. Éstos incluyen las condiciones económicas de las regiones/países emisores y en todo el mundo; eventos como atentados terroristas, guerras, epidemias, etc.; eventos en el país/región de destino, como, por ejemplo, los Juegos Olímpicos; las relaciones políticas entre un país emisor y un país de destino potencial, y otros muchos factores.

Dado que la demanda turística puede cambiar considerablemente y de forma imprevista en un plazo muy corto de tiempo, es preciso contar con estimaciones actualizadas de lo que está sucediendo en la actualidad, y no de lo que ha sucedido antes. Las estimaciones tradicionales de la demanda turística suelen referirse a un período de al menos seis meses antes. Estos datos son esenciales para seguir los movimientos, la composición y las tendencias de la actividad turística con el paso del tiempo. Sin embargo, no reflejan la actividad actual.

La creciente sofisticación de la industria turística ha dado lugar a que aumente la demanda de indicadores de la demanda actual. Los agentes de la industria necesitan esta información para evaluar los resultados de sus empresas en comparación con la industria general y para determinar qué sectores registran mejores resultados que otros. Esta información se precisa para determinar si es necesario cambiar las estrategias comerciales actuales. Algunos sectores que no están obteniendo buenos resultados podrían necesitar asistencia especial, que sólo pueden proporcionar los gobiernos.

Si bien este examen se ha relacionado con la industria turística en general, también se aplica al sector de las reuniones conexo. Aunque este sector no es tan heterogéneo como la industria turística en general, y aunque puede que sea más fácil realizar un seguimiento sobre una base anecdótica a nivel de destinos, el aumento del tamaño y de la competencia en el sector exige que las estimaciones sean más actualizadas.

Idealmente, sería útil poder actualizar periódicamente y a corto plazo los resultados de los datos sobre las reuniones en la CST. Sin embargo, esto no es posible, ya que los datos exigidos para elaborar la CST no están disponibles a corto plazo y, aunque estuvieran disponibles, no podrían justificarse los costos y recursos que se necesitarían para producir regularmente y a corto plazo una CST. Esto no supone un problema particular, ya que la variedad y minuciosidad de los datos proporcionados por la CST no son esenciales para hacer un seguimiento de los cambios operados a corto plazo en la actividad asociada con las reuniones. La CST proporciona abundantes datos sobre la estructura, la composición y la contribución económica del sector a un plazo más largo, lo que permite examinar la evolución de las tendencias con el tiempo en estas variables y proporciona una valiosa fuente de datos en la que pueden apoyarse estudios ulteriores del sector. Facilita la base para la toma de decisiones estratégicas sobre cuestiones como la inversión, la política empresarial, las necesidades en material de formación, el cambio estructural y otras cuestiones de desarrollo a largo plazo. El seguimiento a corto plazo del sector no exige una información tan variada ni tan detallada.

Se indica que, para realizar este seguimiento a corto plazo, bastarían las siguientes medidas para indicar los movimientos a corto plazo en la actividad del sector:

1. desde la perspectiva de la demanda:
   el número de participantes en las reuniones y los gastos totales de estos participantes, y

2. desde la perspectiva de la oferta:
   el VAB del sector, el empleo y los posibles ingresos procedentes de las exportaciones (es decir, ingresos procedentes de los gastos de los participantes internacionales).

En relación con los indicadores del lado de la demanda, cuando en un país se realizan encuestas continuas a los visitantes internacionales e internos, estas encuestas deberían utilizarse para elaborar dichas estimaciones. En ellas suele preguntarse el propósito (o propósitos) de la visita, y la asistencia a una reunión/exposición/etc. debería identificarse como uno de los propósitos principales (o secundarios) de la visita. Estas encuestas también permiten reunir datos sobre los gastos incurridos por los visitantes durante sus viajes. En el caso de los visitantes que viajan con el propósito principal (es decir, el propósito sin el cual no se habría realizado el viaje) de asistir a una reunión/exposición/etc., deberían identificarse y añadirse los gastos totales de estos visitantes. Esto debería realizarse por separado para los visitantes internacionales y los visitantes internos.

Este procedimiento permitirá obtener datos sobre el número y los gastos totales de los visitantes que viajan a un destino con el propósito principal de asistir a una reunión/exposición/etc. Sin embargo, éste no es un indicador completo de la actividad relativa a las reuniones, ya que excluye a los residentes locales que asisten a tales eventos.

Para elaborar este indicador, se propone realizar una encuesta a los organizadores/lugares de las reuniones. Las empresas a las que debería entrevistarse podrían ser las contempladas en la nueva clase 823 de la CIIU. Asimismo, en un destino regional en el que el número de empresas pertinentes puede ser pequeño, la asociación local del sector conocería todas esas empresas pertinentes y podría realizarse una encuesta a las mismas. Estas encuestas, dependiendo de las condiciones locales, pueden ser realizadas por la asociación del sector, o preferiblemente por una organización profesional de investigación en nombre de la asociación del sector. Se propone que estas encuestas del sector sean realizadas por el organismo nacional de estadística, en colaboración con la asociación nacional del sector. El acopio de datos exactos viables no es una empresa fácil, y debería correr a cargo de un organismo profesional de recopilación de datos o, al menos, ser supervisada por el mismo.

Con respecto al lado de la oferta, puede ser posible reunir los datos para los indicadores a través de las encuestas realizadas en el sector señaladas anteriormente. Sin embargo, sólo deberían incluirse los datos que las empresas puedan proporcionar fácilmente y de un modo razonable. Por ejemplo, puede que sea fácil para las empresas proporcionar datos sobre el número de trabajadores contratados, pero podría ser difícil que proporcionaran información sobre el VBA para el período de referencia. La recopilación de datos sobre variables económicas como el VBA puede dar lugar a que la encuesta resulte demasiado pesada para las empresas que responden a la misma. Esto podría traducirse en una baja tasa de respuestas y, por lo tanto, en una información poco fidedigna y posiblemente inutilizable. Es aconsejable que estas encuestas sean lo más sencillas posible.

Los indicadores del lado de la demanda examinados anteriormente pueden utilizarse para representar de una manera aproximada los movimientos operados en el VBA del sector. La CST proporcionará criterios de evaluación de referencia del VBA, y los cambios operados en los indicadores de la demanda a corto plazo pueden aplicarse a estos datos de referencia para facilitar indicadores estimados de los movimientos operados en el VBA. Por supuesto, para ello se supone que la relación entre las magnitudes del lado de la demanda y el VBA es constante, lo que puede no ser el caso en realidad. Sin embargo, a falta de datos reales sobre el VBA, esta suposición general puede proporcionar estimaciones a corto plazo suficientemente fiables como para supervisar la salud general del sector. Cualquiera de estos indicadores a corto plazo se volvería a calibrar cada vez que se elaborara una nueva CST. Ésta proporcionaría entonces unas series cronológicas de indicadores a corto plazo del VBA del sector.

La cuestión que se plantea es cuál es el período de tiempo razonable al que debe hacer referencia un indicador a corto plazo. Normalmente, el término "corto plazo" se refiere a un período comprendido entre un mes y un trimestre. Cuál de estos sería más apropiado depende de una serie de factores relacionados con las necesidades del sector y con los costos y la utilidad de la recopilación y elaboración de datos. Estos aspectos se considerarían en cualquier ejercicio de acopio de datos. Cuanto mayor sea la frecuencia con la que se reúnen los datos, más cara resultará su recopilación para los proveedores de estos datos (en este caso, las empresas) y para los organizadores de las encuestas. En este caso, el suministro de tales datos y el procesamiento y la elaboración de los resultados con una frecuencia superior a una vez por trimestre (por ejemplo, mensualmente) probablemente exigiría más recursos, y, en consecuencia, más costos de lo que podría justificarse. Por lo tanto, se recomienda que los indicadores a corto plazo se elaboren trimestralmente.

Es preciso añadir una advertencia a esta recomendación. Si bien, idealmente, el sector desearía que se recopilaran y publicaran indicadores de un modo muy puntual, en lugar de en un período más largo de tiempo, deberíamos tener en cuenta que la frecuente recopilación de información pertinente para esos indicadores puede ser muy costosa y no aportar beneficios que estén en proporción con los costos. Con independencia de los indicadores que se elaboren, éstos serán "indicadores retrospectivos" y, por lo tanto, su pertinencia para los propósitos previstos será limitada. Debe formularse una pregunta: ¿qué hará el sector con estos indicadores, en particular con aquellos que se publican frecuentemente? La respuesta a esta pregunta influirá en la opinión sobre la frecuencia con la que deben elaborarse los indicadores, teniendo en cuenta los costos que supone su elaboración. Puede suceder que, para muchos fines, las estimaciones trimestrales de algunos de los indicadores, junto con las actualizaciones anuales de otros indicadores, proporcionen un equilibrio suficiente entre las necesidades de la industria en materia de información y el costo que supone la elaboración de indicadores.

Capítulo 5

Grandes pasos metodológicos propuestos y otras cuestiones que deben examinarse

Tras haber examinado las numerosas cuestiones relativas a la evaluación de la contribución económica de las reuniones, en este capítulo se propone una metodología uniforme para su consideración. Los pasos propuestos a continuación proporcionan un esquema de una amplia metodología. Existen otros muchos pasos detallados, pero éstos deberían tratarse cuando se acuerde una metodología general.

En el presente informe se han identificado una serie de cuestiones que deberán abordarse y resolverse antes de poder adoptar una metodología final. En este capítulo también se identifican aquellas cuestiones que el Comité Directivo debería estudiar ulteriormente.

5.1 Grandes pasos metodológicos propuestos

Esta metodología propuesta está relacionada con la evaluación de la contribución económica a nivel nacional. Se basa en la Cuenta Satélite de Turismo y es una expansión de la misma. Se propone alcanzar un acuerdo, en primer lugar, sobre una metodología a nivel nacional, antes de elaborar cualquier otra metodología para evaluar la contribución económica local (subnacional).

1. Ámbito del sector y de los participantes en las reuniones

   a) Perspectiva de la oferta

   - Delimitar el ámbito del "sector de las reuniones". (Podría ser un equivalente nacional de la categoría 8230 de la CIIU, en caso de que exista).
   - Decidir qué sectores deberían identificarse como "sectores característicos de las reuniones". Se incluirían, por ejemplo, el sector del "alojamiento" y todos los sectores en los que se celebran o que proporcionan lugares para la celebración de reuniones/conferencias/exposiciones/etc. como actividad secundaria.
   - Identificar una lista de servicios prestados por el sector de las reuniones en su conjunto.

   b) Perspectiva de la demanda

   - En general, el ámbito de los "participantes en las reuniones" serán los participantes en las reuniones identificados mediante encuestas realizadas a turistas internacionales y visitantes internos, y/o listas de participantes identificadas por las empresas incluidas en el ámbito del lado de la oferta.
   - En el caso de los visitantes, también se incluirá a las personas que acompañan a los participantes en las reuniones.

2. Datos necesarios

   a) Perspectiva de la oferta

   - Los principales datos necesarios son los gastos incurridos por los participantes en las reuniones. Para los participantes locales, éstos abarcarán los gastos en cuotas de inscripción. Para los visitantes, éstos comprenderán tanto los gastos en cuotas de inscripción como otros gastos en bienes y servicios recibidos en el país/lugar de destino relacionados con el viaje realizado. Deberían identificarse los gastos en los principales bienes y servicios consumidos.

- Otra información que sería valiosa en relación con los participantes en las reuniones incluiría la duración de las reuniones a las que asisten, la distancia recorrida para llegar al lugar de la reunión y el número de personas que viaja.

b) Perspectiva de la demanda

- Los datos solicitados a las empresas englobadas en el ámbito del sector (como en el paso 1) incluyen los datos económicos necesarios para estimar el Valor Bruto Añadido (por ejemplo, los ingresos y costos) y el empleo derivado de la celebración u organización de las reuniones.
- Otros datos de interés son el número de reuniones celebradas y el número de participantes (desglosados por visitantes locales e internos o visitantes internacionales) y la inversión en instalaciones.

3. Métodos para la recopilación de datos

a) Perspectiva de la demanda

- Para los participantes en las reuniones que son visitantes, el acopio de datos debería realizarse fundamentalmente a través de encuestas turísticas a los visitantes internacionales e internos. En estas encuestas, habrá que identificar a los participantes en las reuniones preguntando a los encuestados si participaron en una reunión/conferencia/exposición/evento de incentivo/etc., o si acompañaron a un visitante. Para los visitantes internacionales, estas encuestas muchas veces se realizan a través de una encuesta representativa a visitantes que salen del país. Para los visitantes internos, las encuestas se realizan con frecuencia por medio de encuestas representativas a hogares.
- Deberían realizarse encuestas personalizadas a una muestra de participantes en las reuniones. Las empresas, o una muestra de empresas reconocidas como pertenecientes al sector (en el paso 1), deberían facilitar la lista de participantes. Estas encuestas pueden realizarse durante la reunión, o después de la misma, entrando en contacto con los participantes a través de Internet.
- Siguiendo estos dos métodos (o sólo el segundo, cuando en un país no existan encuestas turísticas) se identificarán por separado los gastos de los participantes que son visitantes locales e internos y los gastos incurridos por los visitantes internacionales.

b) Perspectiva de la oferta

- Los datos económicos necesarios para estimar el VBA y el empleo de los sectores deberían reunirse a través de encuestas realizadas (habitualmente) en el sector por las oficinas nacionales de estadística de los países con miras a la elaboración de cuentas nacionales.
- Deberán identificarse los servicios prestados por el sector y se seleccionará la mayoría de los elementos importantes que tendrán que evaluarse (Cabe señalar, como punto de partida, la lista proporcionada por la IAPCO en el anexo A). Los sectores que prestan estos servicios también pueden identificarse con miras al acopio de datos.
- Estas encuestas tendrán que reunir datos representativos del sector de las reuniones y de los sectores característicos de las reuniones (identificados en el paso 1).
- En cualquier período provisional antes de que las oficinas nacionales de estadística presenten los datos recopilados sobre la oferta en el sector de las reuniones, puede ser

necesario recopilar esta información por medio de encuestas separadas para la obtención de datos sobre el lado de la oferta. (En el anexo G se incluye un ejemplo de esta encuesta).

4. Organización supervisora

- En la medida de lo posible, la organización supervisora debería ser la organización que reúne constantemente datos para las cuentas nacionales de un país. Ésta suele ser la Oficina Nacional de Estadística (ONE), pero en algunos países puede que sea otra organización.
- Los datos del lado de la demanda relativos a los gastos de los visitantes pueden obtenerse de la Administración Nacional de Turismo (ANT).
- Sin embargo, lo importante es que la recopilación de datos debería correr a cargo, en la medida de lo posible, de aquellas organizaciones que reúnen los datos para la Cuenta Satélite de Turismo.
- En los casos en que los datos sobre las reuniones no se reúnan todavía, éstos deberían ser acopiados, si es posible, por la ONE o la ANT, en estrecha colaboración con la asociación o asociaciones del sector de las reuniones.

5. Incorporación de los datos a la Cuenta Satélite de Turismo (CST)

- Todos los datos acopiados deberían proporcionarse a las organizaciones compiladoras de la CST. De este modo se complementarán los datos de alcance más general introducidos en la CST. En la CST, además de los sectores característicos del turismo identificados, deberían mostrarse los mismos datos para el sector de las reuniones y los sectores característicos de las reuniones. Esto podría realizarse añadiendo otros cuadros a los cuadros habituales de la CST, como se ha mencionado anteriormente en la sección 3.6.
- En estos cuadros, la actividad relativa a las reuniones derivada de los participantes locales (es decir, que no son visitantes y, por lo tanto, no incluidos en los datos de la CST) debería añadirse a la actividad derivada de los visitantes que participan en las reuniones.
- Estos cuadros mostrarán entonces los criterios de evaluación de la actividad asociada con las reuniones desde la perspectiva de la oferta y la demanda, de igual modo que la CST en lo que respecta a la oferta y la demanda turística.

6. Resultados

- Los cuadros que se elaborarán como complementos de los cuadros principales de la CST (véase la sección 3.6) podrían ser similares a los cuadros de la CST:RMC (consumo por productos y visitantes y cuentas de producción para el sector).

5.2 Otras cuestiones que deben examinarse

A lo largo del presente informe se han señalado muchas cuestiones que deben ser examinadas ulteriormente, en particular por el sector de las reuniones, pero también por los homólogos de la Oficina Nacional de Estadística y las entidades que compilan la CST, a fin de transformar en última instancia los criterios de evaluación en normas internacionales aplicadas a todos los sectores de la economía de un país.

A continuación se presenta un esbozo de las principales cuestiones que deben examinarse para realizar progresos en este ejercicio:

1. Consultar con los expertos técnicos, como las oficinas nacionales de estadística y otros organismos internacionales pertinentes, cómo puede adoptarse un método internacional uniforme, basándose en los resultados del presente informe.

- ¿se aceptan total o parcialmente las recomendaciones contenidas en este informe? En caso afirmativo, ¿cómo puede seguir desarrollándose este método? En caso negativo, ¿cómo puede elaborarse un método alternativo?
- esto conllevará colaborar con expertos técnicos en la CST y otros expertos en lo que respecta a las cuestiones más técnicas abordadas en el presente informe, por ejemplo, el enfoque "bruto" o "neto" de la compra, por parte de los participantes, de conjuntos de servicios para las reuniones, y
- también es importante determinar si la extensión propuesta de la CST (mediante cuadros complementarios para que quede explícita la conexión del turismo con el sector de las reuniones) se considera actualmente la opción preferida (véase la sección 3.6).

2. Acuerdo sobre el ámbito (y el nombre) del sector y sus productos
    - la conveniencia de adoptar la nueva categoría 8230 de la CIIU,
    - la identificación de sectores para los cuales las reuniones son una actividad secundaria (por ejemplo, el sector del alojamiento),
    - la exclusión de reuniones no organizadas o celebradas por una empresa que se encarga de organizar o acoger reuniones como actividad empresarial (por ejemplo, excluyendo las reuniones internas), y
    - ¿deberían incluirse específicamente las agencias especializadas en viajes de incentivo como un sector relacionado con las reuniones (tal vez sólo en determinados países)?
3. ¿Cómo se "incluirán" las asociaciones nacionales del sector en este ejercicio?
    - es importante que las asociaciones nacionales apoyen plenamente todo criterio uniforme de medición del sector a nivel internacional que se haya adoptado, y
    - también es importante que éstas ayuden a elaborar una lista de servicios prestados a los participantes en las reuniones.
4. ¿Cómo educarán a sus miembros las asociaciones nacionales del sector y a otros participantes en el sector para que apoyen activamente la aplicación de la evaluación?
5. ¿Cómo se convencerá a los participantes en el sector para que colaboren plenamente y contribuyan a la aplicación de la evaluación adoptada de su sector, a través de:
    - la colaboración con las asociaciones nacionales y otras asociaciones del sector para ejercer presión con miras a lograr la expansión de la CST a fin de incluir la evaluación del sector de las reuniones,
    - la financiación del ejercicio,
    - el suministro de toda la gama de datos solicitados para asegurar la evaluación creíble de la actividad.

Anexo A

Resumen de la oferta de las instalaciones del sector de las reuniones, por países

África	
África del Norte	
Argelia	En el Palais des Nations se celebran importantes congresos nacionales e internacionales En los hoteles, centros culturales y centros de juventud se dispone de numerosas salas de conferencias y salas de reuniones más pequeñas
Marruecos	No se dispone de información detallada
Sudán	3 salas de conferencias totalmente equipadas Diversas instalaciones hoteleras Área grande adecuada para ferias regionales e internacionales
Túnez	No se dispone de información detallada
África Occidental	
Benin	No se dispone de información detallada
Burkina Faso	Grandes salas de conferencias con equipo moderno
Cabo Verde	No se dispone de información detallada
Côte d'Ivoire	Centro de convenciones del Hotel Ivoire Centro cultural
Gambia	Sala de conferencias de Kariba
Ghana	Salas de reuniones con aforo para 200 y 1.600 delegados Centro Internacional de Conferencias, Feria Comercial Internacional, hoteles de lujo con instalaciones para conferencias
Guinea	No se dispone de información detallada
Guinea-Bissau	No se dispone de información detallada
Liberia	No se dispone de información detallada
Malí	Centro de conferencias con aforo para 1.000 personas Centro cultural con aforo para 300.000 personas Muchos hoteles con salas de conferencias espaciosas
Mauritania	Centro de Conferencias con cuatro salas de reuniones y una sala grande con aforo para 400 delegados La mayoría de los hoteles de 3 estrellas tienen salas de reuniones
Níger	El Centro de Convenciones se renovó en 2004 Se añadió una sala grande con aforo para 3.000 delegados
Nigeria	No se dispone de información detallada

África	
África Occidental	
Senegal	Grandes salas de conferencias de vanguardia totalmente equipadas para conferencias internacionales El 40% de los hoteles tienen excelentes instalaciones para reuniones El Centro Internacional de Comercio tiene salas de reuniones
Sierra Leona	No se dispone de información detallada
Togo	No se dispone de información detallada
África Central	
Angola	No se dispone de información detallada
Camerún	No se dispone de información detallada
Chad	No se dispone de información detallada
Congo	No se dispone de información detallada
Gabón	Centro de convenciones Hoteles con diversas instalaciones para reuniones
Guinea Ecuatorial	No se dispone de información detallada
República Centroafricana	No se dispone de información detallada
República Democrática del Congo	No se dispone de información detallada
Santo Tomé y Príncipe	Varios hoteles que pueden acoger ferias comerciales, congresos, reuniones y conferencias Centro de convenciones apropiado para reuniones grandes
África Oriental	
Burundi	No se dispone de información detallada
Comoras	No se dispone de información detallada
Djibouti	No se dispone de información detallada
Eritrea	Sólo un hotel (Inter Continental Asmara) tiene la capacidad y la infraestructura e instalaciones necesarias para acoger eventos empresariales
Etiopía	Centro de Conferencias de las Naciones Unidas Hoteles como el Hilton y el Sheraton Addis cuentan con instalaciones para reuniones Centro de Exposiciones de Addis Abeba
Kenya	Centro Internacional Keniata de Conferencias
Madagascar	Hoteles equipados con salas de conferencias que pueden albergar a cientos de personas
Malawi	3 centros internacionales de conferencias 1 feria comercial
Mauricio	Están construyéndose nuevos centros de convenciones
Mozambique	Nuevo centro de conferencias en Maputo
Reunión	No se dispone de información detallada
Rwanda	Una sala de conferencias de gran capacidad en el Hotel Intercontinental Otras 2 nuevas instalaciones abiertas recientemente
Seychelles	Por lo general se organizan pequeñas conferencias regionales (para 40 personas como máximo)

África	
África Oriental	
Somalia	No se dispone de información detallada
Tanzania	No se dispone de información detallada
Uganda	No se dispone de información detallada
Zambia	No se dispone de información detallada
Zimbabwe	El principal auditorio del Centro Internacional de Conferencias de Harare tiene un aforo para más de 4.500 participantes El Centro de Celebraciones de Harare, abierto recientemente, tiene un aforo para 3.000 personas
África Meridional	
Botswana	En el Centro Internacional de Convenciones se celebran importantes reuniones y conferencias internacionales
Lesotho	No se dispone de información detallada
Namibia	No se dispone de información detallada
Sudáfrica	Centros internacionales de conferencias en Durban, Johannesburg y Ciudad del Cabo
Swazilandia	El sector de las reuniones está dominado por cadenas internacionales de establecimientos hoteleros, como Sun Hotels y Orion Hotels
Las Américas	
América del Norte	
Canadá	No se dispone de información detallada
México	No se dispone de información detallada
Estados Unidos	No se dispone de información detallada
El Caribe	
Anguila	No se dispone de información detallada
Antigua y Barbuda	3 lugares disponibles para acoger reuniones de más de 50 personas
Antillas Holandesas	No se dispone de información detallada
Aruba	Superficie de 2.000 m^2 disponible para reuniones y funciones Sala de baile con una superficie de 1.350 m^2 para eventos anteriores a las funciones La instalación para convenciones puede albergar a 1.000 personas para banquetes, a 1.600 personas para convenciones al estilo de los teatros y 500 personas para reuniones al estilo de las aulas Muchos hoteles tienen instalaciones para eventos empresariales
Bahamas	No se dispone de información detallada
Barbados	Centro de conferencias de Sherbourne
Bermuda	Superficie de 10.000 m^2 destinada a reuniones
Bonaire	No se dispone de información detallada
Cuba	73 instalaciones (hoteles de 4 ó 5 estrellas) para acoger eventos médicos, científicos y sociales 10 lugares destinados específicamente a eventos empresariales (incluido el Centro de Conferencias de la Habana y el Hotel Nacional de Cuba) Otras 14 instalaciones

Las Américas	
El Caribe	
Curaçao	Centro Internacional de Comercio con instalaciones para albergar hasta a 1.200 personas para reuniones, y entre 800 y 1.000 personas para banquetes Dos auditorios con aforo para 200 y 325 personas Superficie para exposiciones de 1.200 m^2 Los grandes hoteles ofrecen instalaciones para albergar hasta a 300 personas
Dominica	No se dispone de información detallada
Granada	Instalación puede acoger entre 250 y 300 delegados Centro de Comercio que puede acoger ferias internacionales y regionales
Guadalupe	No se dispone de información detallada
Islas Caimán	No se dispone de información detallada
Islas Turcas y Caicos	Instalaciones para convenciones en importantes propiedades hoteleras
Islas Vírgenes Británicas	No se dispone de información detallada
Islas Vírgenes Estadounidenses	No se dispone de información detallada
Haití	No se dispone de información detallada
Jamaica	No se dispone de información detallada
Martinica	Cuatro hoteles con salas de conferencias para albergar hasta a 800 personas Centro de conferencias con 10 salas de reuniones (cada sala cuenta con 400 asientos)
Montserrat	Los hoteles disponen de pequeñas salas de reuniones La instalación más grande tiene un aforo para 200 personas al estilo de los teatros
Puerto Rico	Está construyéndose el Centro de Convenciones de Puerto Rico
República Dominicana	Muchos hoteles en las ciudades ofrecen instalaciones para conferencias Centro de Convenciones Barceló Bávaro
Saba	Lugares adecuados para albergar a 50 personas durante conferencias o reuniones
Saint Kitts y Nevis	No se dispone de información detallada
Saint Lucia	No se dispone de información detallada
San Eustaquio	No se dispone de información detallada
San Martín	1 instalación grande Muchas instalaciones pequeñas
San Vicente y las Granadinas	No se dispone de información detallada
Trinidad y Tobago	El hotel Courtyard Marriott se abrirá próximamente y ofrecerá instalaciones para conferencias
América Central	
Belice	No se dispone de información detallada
Costa Rica	Hoteles de 4 ó 5 estrellas en las ciudades y las playas que pueden albergar entre 500 y 2.000 personas para reuniones
El Salvador	No se dispone de información detallada

Las Américas	
América Central	
Guatemala	Superficie de 23.000 m^2 para conferencias y reuniones (incluidos centros de convenciones, salas de conferencias, hoteles, restaurantes y lugares para ferias y exposiciones) Nuevo centro de convenciones con aforo para 5.000 personas
Honduras	No se dispone de información detallada
Nicaragua	Nuevos centros de convenciones con aforo para 1.000 personas
Panamá	El centro de convenciones más grande de América Central Hoteles que facilitan diversas instalaciones para reuniones
Sudamérica	
Argentina	No se dispone de información detallada
Bolivia	No se dispone de información detallada
Brasil	Centros de convenciones
Chile	No se dispone de información detallada
Colombia	Recinto de Conferias (espaciosas instalaciones para reuniones) Los hoteles de 4 ó 5 estrellas también atienden las necesidades del sector del turismo de negocios
Ecuador	No se dispone de información detallada
Guyana	No se dispone de información detallada
Guyana Francesa	No se dispone de información detallada
Paraguay	2 lugares para la celebración de grandes eventos (Sala de Convenciones del Banco Central de Paraguay y el Carmelitas Center) La mayoría de los hoteles pueden acoger eventos empresariales
Perú	No se dispone de información detallada
Suriname	No se dispone de información detallada
Uruguay	Cuatro lugares principales para acoger eventos empresariales En Montevideo y Punta del Este existen salas que pueden acoger importantes eventos nacionales e internacionales para más de 1.000 personas Estas salas están fundamentalmente situadas en hoteles, ranchos turísticos e instalaciones y complejos para convenciones construidos a tales efectos.
Venezuela	Amplia gama de instalaciones para convenciones en diversos destinos
Asia y el Pacífico	
Asia Nororiental	
China	No se dispone de información detallada
Hong Kong (China)	El Centro de Convenciones y Exposiciones de Hong Kong tiene una superficie para funciones de 64.000 m^2 El Centro Internacional de Comercio y Exposiciones de Hong Kong tiene una superficie utilizable de 16.000 m^2 Más de 60 hoteles y otros lugares

Asia y el Pacífico	
Asia Nororiental	
Hong Kong (China) *(continuación)*	Nuevo centro internacional de exposiciones: Asia World Expo (superficie de 70.000 m² más una sala de múltiples usos con 13.000 asientos móviles) 109 nuevos hoteles El nuevo parque temático Disneyland Hong Kong dispone de habitaciones para eventos empresariales (sala de baile temática con aforo para 1.000 personas)
Japón	No se dispone de información detallada
Macao (China)	Los hoteles de 3, 4 ó 5 estrellas tienen instalaciones para reuniones
Mongolia	No se dispone de información detallada
República de Corea	4 centros de convenciones de vanguardia Están construyéndose otros cinco centros de conferencias
República Popular Democrática de Corea	No se dispone de información detallada
Taiwán (provincia de China)	Centro financiero de Taipei Nueva instalación: Centro Internacional de Conferencias de Nangang
Asia Sudoriental	
Brunei Darussalam	No se dispone de información detallada
Camboya	No se dispone de información detallada
Filipinas	Centro Internacional de Convenciones de Filipinas Hoteles, clubes de deporte y centros de formación
Indonesia	No se dispone de información detallada
Malasia	Centro de Convenciones de Putrajaya Centro de Convenciones de Kuala Lumpur Centro Internacional de Exposiciones de Melaka Amplia gama de hoteles con instalaciones para reuniones
Myanmar	Centro de Convenciones de Myanmar Centro de Comercio de Yangon Otros hoteles y complejos turísticos
República Democrática Popular Lao	No se dispone de información detallada
Singapur	No se dispone de información detallada
Tailandia	No se dispone de información detallada
Timor-Leste	1 sala de conferencias con aforo para 200 personas
Vietnam	No se dispone de información detallada
Oceanía	
Australia	Centros de convenciones construidos con este propósito en cada Estado
Estados Federados de Micronesia	No se dispone de información detallada
Fiji	Las instalaciones disponibles pueden acoger eventos comerciales para 1.000 personas como máximo

Asia y el Pacífico	
Oceanía	
Guam	No se dispone de información detallada
Islas Cook	No se dispone de información detallada
Islas Marianas del Norte	No se dispone de información detallada
Islas Marshall	No se dispone de información detallada
Islas Salomón	No se dispone de información detallada
Kiribati	No se dispone de información detallada
Niue	No se dispone de información detallada
Nueva Caledonia	No se dispone de información detallada
Nueva Zelandia	Centros internacionales de convenciones con aforo para 2.500 personas Hoteles de negocios de 4 ó 5 estrellas Lugares de reuniones especializados
Palau	No se dispone de información detallada
Papua Nueva Guinea	No se dispone de información detallada
Polinesia Francesa	Capacidad total para unas 1.300 personas en grandes hoteles Un nuevo hotel ampliará su aforo para albergar a 300 personas más
Samoa	Se están construyendo nuevas instalaciones
Samoa Americana	No se dispone de información detallada
Tonga	No se dispone de información detallada
Tuvalu	No se dispone de información detallada
Vanuatu	No se dispone de información detallada
Asia Meridional	
Afganistán	No se dispone de información detallada
Bangladesh	1 centro de convenciones de calidad
Bhutan	No se dispone de información detallada
India	2 grandes centros de convenciones (Vigyan Bhawan y Ashok Hotel) Pragati Maidan: centro de exposiciones principal con una superficie de 62.000 m^2 10 centros de convenciones principales en diferentes ciudades Están construyéndose nuevos lugares para la celebración de reuniones
Maldivas	No se dispone de información detallada
Nepal	El Centro Internacional de Convenciones de Nepal tiene 7 salas de reuniones y el auditorio más grande tiene un aforo para 1.046 personas La Real Academia de Nepal tiene un aforo para 1.250 personas Rastriya Sabha Griha tiene un aforo para 676 personas El Centro Cultural Ruso tiene un aforo para 200 personas La Sala de Exposiciones de Bhrikuti Mandap tiene una superficie de 35.000 m^2 Varios hoteles de 5 estrellas en Katmandú
Pakistán	No se dispone de información detallada
República Islámica de Irán	No se dispone de información detallada
Sri Lanka	Instalación disponible con aforo para 1.200 delegados

Europa	
Europa del Norte	
Dinamarca	Gran variedad de instalaciones para reuniones y conferencias (castillos, hoteles, centros internacionales de congresos de vanguardia en 5 ciudades)
Finlandia	No se dispone de información detallada
Irlanda	No se dispone de información detallada
Islandia	No se dispone de información detallada
Noruega	No se dispone de información detallada
Reino Unido	Lugares de reuniones construidos a tales efectos en 14 ciudades Lugares de reuniones en 5 ciudades destinados a ferias y exposiciones con una superficie de 10.000 m² cada uno
Suecia	3 destinos principales para la celebración de convenciones y reuniones Gran variedad de regiones singulares para celebrar eventos más pequeños
Europa Occidental	
Alemania	6 ciudades tienen los centros de exposiciones más grandes 4 de las 6 ciudades figuran entre los mejores lugares de Europa
Austria	No se dispone de información detallada
Bélgica - Bruselas	No se dispone de información detallada Centro de Convenciones del Palacio de Congresos
Francia	2.000 establecimientos destinados a eventos profesionales con aforo para al menos 20 personas 1.500 hoteles ofrece servicios empresariales (incluidas salas de conferencias con un gran aforo) 120 centros de convenciones (15 centros en ciudades importantes con aforo para 4.000 personas; 30 centros con capacidad para 2.000-4.000 personas) La superficie total para exposiciones es de 1.586.878 m² (con 2 centros de exposiciones en París cuya superficie supera los 100.00m² cada uno)
Liechtenstein	No se dispone de información detallada
Luxemburgo	Centro de Congresos de Luxemburgo Nuevo Centro de Congresos (2005)
Mónaco	Hoteles y centros de conferencias
Países Bajos	8 destinos principales para la celebración de congresos
Suiza	No se dispone de información detallada
Europa Central y Oriental	
Armenia	No se dispone de información detallada
Azerbaiyán	No se dispone de información detallada
Belarús	No se dispone de información detallada
Bulgaria	No se dispone de información detallada
Eslovaquia	Diferentes ciudades acogen diferentes eventos (7 ciudades principales para reuniones, exposiciones y conferencias) Otros lugares para reuniones (complejos turísticos, castillos)

Europa	
Europa Central y Oriental	
Estonia	La mayoría de los proveedores de instalaciones para reuniones pueden atender hasta a 300 participantes Pocas salas de conferencias más grandes con aforo para 1.000 delegados Un lugar de reuniones puede albergar hasta a 6.000 delegados Tallinn es el principal destino para conferencias y reuniones
Federación de Rusia	No se dispone de información detallada
Georgia	No se dispone de información detallada
Hungría	No se dispone de información detallada
Kazajstán	No se dispone de información detallada
Kirguistán	No se dispone de información detallada
Letonia	No se dispone de información detallada
Lituania	No se dispone de información detallada
Polonia	Incremento del número de hoteles de 4 y 5 estrellas Nuevos centros de ferias y exposiciones en Varsovia y Poznan
República Checa	Centro de Convenciones de Praga
República de Moldova	No se dispone de información detallada
Rumania	No se dispone de información detallada
Tayikistán	No se dispone de información detallada
Turkmenistán	No se dispone de información detallada
Ucrania	Se celebran importantes exposiciones turísticas
Uzbekistán	No se dispone de información detallada
Europa Meridional	
Albania	No se dispone de información detallada
Andorra	Se celebran reuniones y conferencias en centros públicos 15 hoteles especializados en turismo de negocios
Bosnia y Herzegovina	No se dispone de información detallada
Croacia	Una superficie de 500.000 m^2 destinada a exposiciones Centro de Ferias y Congresos de Zagreb Planes para la construcción de nuevos centros de convenciones y exposiciones con múltiples propósitos en Zagreb, con aforo para 4.000 personas Otras 3 ciudades prevén construir nuevos centros de convenciones para acoger a 1.500 personas cada uno
Eslovenia	7 destinos principales para congresos Está construyéndose nueva infraestructura para congresos
España	Más de 50 centros de convenciones y de hoteles de 4 ó 5 estrellas
Ex República yugoslava de Macedonia	No se dispone de información detallada
Grecia	15 centros de conferencias 200 hoteles con instalaciones para conferencias

Europa	
Europa Meridional	
Italia	2.830 centros de congresos (1.979 en hoteles, 560 en edificios históricos y 291 en otros lugares, como centros de conferencias, y edificios y teatros para ferias comerciales dedicados) 5.231 salas de reuniones (3.602 en hoteles, 736 en edificios históricos y 893 en otras instalaciones)
Malta	No se dispone de información detallada
Portugal	Incremento del número de hoteles de 4 y 5 estrellas Salas de reuniones con aforo para más de 500 participantes
San Marino	No se dispone de información detallada
Serbia y Montenegro	No se dispone de información detallada
Europa Mediterránea Oriental	
Chipre	Centro Internacional de Conferencias de Chipre ofrece una superficie de 2.916 m² para eventos con aforo para 1.600 delegados
Israel	No se dispone de información detallada
Turquía	Una gran diversidad de hoteles que ofrecen instalaciones para conferencias El Centro Internacional de Conferencias Lutfi Kirdar de Estambul, abierto recientemente, ha duplicado la capacidad de las instalaciones
Oriente Medio	
Arabia Saudita	Superficie de 61.000 m² para reuniones y conferencias Superficie de 29.000 m² para exposiciones Hoteles con aforo para 37.000 personas (salas para acoger a los asistentes al estilo de los teatros)
Bahrein	Centro Internacional de Exposiciones de Bahrein Centro Internacional de Convenciones del Golfo Centro de Conferencias de Bahrein Hotel Ritz Carlton (27 salas de conferencias) Hotel Hilton Diplomat Forte Grand (sala de baile de 1.200 m² para acoger a 1.500 personas y 6 salas con aforo para 20 personas cada una) El hotel Regency Intercontinental tiene un aforo para 800 personas en recepciones y a 440 personas en banquetes El hotel Sheraton Bahrein tiene una sala de conferencias con aforo para 800 personas y otras 5 salas de conferencias
Egipto	No se dispone de información detallada
Emiratos Árabes Unidos - Dubai	No se dispone de información detallada Los hoteles más importantes tienen lugares e instalaciones para múltiples propósitos El Centro Mundial de Comercio de Dubai tiene 53.000 m² para exposiciones Otros lugares para acoger eventos más pequeños Centro de Exposiciones del Aeropuerto de Dubai
Irak	No se dispone de información detallada

Oriente Medio	
Jamahiriya Arabe Libia	No se dispone de información detallada
Jordania	Creciente inversión en la construcción de más instalaciones para conferencias
Kuwait	No se dispone de información detallada
Líbano	Todos los hoteles tienen instalaciones para conferencias
Omán	No se dispone de información detallada
Palestina	No se dispone de información detallada
Qatar	No se dispone de información detallada
República Árabe Siria	Muchos lugares bien equipados (como el Palacio de Conferencias de Omayad)
Yemen	No se dispone de información detallada

Fuente: Datos compilados por los autores a partir de las *Tendencias de los mercados turísticos* de 2004, publicación de la Organización Mundial del Turismo, Madrid.

Centros de congresos y convenciones en la región de las Américas

Región	País	Ciudad	Centro de congresos y convenciones	Total (m²)
América del Norte	Canadá	Montreal	Centro de Convenciones de Montreal	12.247
		Québec	Centro de Convenciones de la Ciudad de Québec	21.170
	Estados Unidos	Washington, DC	Corporación de Convenciones y Turismo	11.617
		Nueva York	Centro de Convenciones Jacob K. Javits	73.296
		Chicago	Navy Pier	15.300
			McCormick Place	198.000
	México	Ciudad de México	Centro Banamex	34.000
América Central y el Caribe	Panamá	Ciudad de Panamá	Centro de Convenciones de Atlapa de la Ciudad de Panamá	80.000
	Cuba	Habana	Centro Internacional de Conferencias de La Habana	5.783
			Palacio de Convenciones de La Habana	2.100
Sudamérica	Chile	Santiago	Espacio Riesco	8.000
			Centro Cutural Estación Mapocho	8.000
			Diego Portales	5.720
			Casa Piedra	4.400
			Centro de Extensión Universidad Católica de Chile	2.850
			San Carlos de Apoquindo	2.200
	Argentina	Buenos Aires (1)	Centro Cultural General San Martín	5.122
			Golden Center	-
			Congresos y Convenciones del Paseo La Plaza	-
			Punta Carrasco	-
			Centro Costa Salguero	20.533
			Centro del Gobierno de la Ciudad	23.403
			La Rural	44.520
	Brasil	São Paulo	São Paulo Anhembi	77.424
			Centro de Convenciones Rebouças	1.060
		Río de Janeiro	Riocentro	100.029
			Palacio de Congresos	14.222
	Uruguay	Montevideo (2)	Hotel Radisson Victoria Plaza Hotel Sheraton Montevideo	2.420

Fuente: Adaptado del Informe de la OMT, 2005

Estudio de caso

Estudio de cado: Estudio del mercado de reuniones en España 2003 (Instituto de Turismo de España)

Este estudio fue realizado por el Ministerio de Turismo de España en 2003, y publicado en 2004. Es uno de los estudios más exhaustivos sobre los "efectos económicos" examinados en el marco de este proyecto, y en él se recopilan datos sobre el sector de las reuniones en España desde la perspectiva de la oferta y de la demanda.

Método

1. Recopilación de datos del lado de la demanda.

   a. 1.816 cuestionarios rellenados por participantes en reuniones

   b. Cada categoría tenía tres dimensiones:

      - Geográfica: internacional, nacional, regional
      - Geográfica: tamaño de la ciudad anfitriona
      - Tipo de evento: congreso, convención, reunión

   c. Con respecto a los gastos de los delegados, se recopiló información sobre alojamiento, comida, cuotas de inscripción, compras, ocio, transporte local y "otros gastos"

   Los participantes en el estudio también tuvieron que evaluar la ciudad anfitriona (arquitectura, oferta cultural, etc.), el lugar de reunión (servicios de interpretación, instalaciones, higiene de las salas, etc.), los hoteles (servicios, etc.), los restaurantes (servicios, calidad de los productos, etc.), el transporte público y los programas sociales durante el evento (tanto para ellos como para sus acompañantes)

2. Recopilación de datos del lado de la oferta

   a. 126 cuestionarios rellenados por hoteles, ayuntamientos y centros de convenciones y exposiciones

   b. Cada categoría tiene las tres dimensiones mencionadas anteriormente

Resultados

Promedio de gastos diarios por participante (incluida la cuota de inscripción) (€)

Total	Más de 1.000.000 habitantes (2 ciudades)	Entre 500.000 y 1.000.000 habitantes (4 ciudades)	Entre 200.000 y 500.000 habitantes (17 ciudades)	Menos de 200.000 habitantes (96 ciudades)
210	642	442	287	166

Fuente: Instituto de Turismo de España (Turespaña), 2004, *Estudios de Productos Turisticos*

Promedio de gastos de viaje a la ciudad

Tipo de evento	Congreso	Convención	Reunión
Costo del viaje (€)	275	310	120

Tipo de evento	Internacional	Nacional	Regional
Costo del viaje (€)	377	151	54

Fuente: Instituto de Turismo de España (Turespaña), 2004, *Estudios de Productos Turisticos*

Con respecto al componente de los "efectos económicos", en el estudio se equiparan incorrectamente los "gastos" o el volumen de ventas con los efectos económicos. Sin embargo, no se facilita una explicación apropiada de los gastos ni de la contribución potencial del sector de las reuniones a la economía española.

Efectos económicos/volumen de ventas (gastos totales de los participantes y sus acompañantes): 3.281 (€ 000)

	Total	> 1.000.000 habitantes (2 ciudades)	500.000 -1.000.000 habitantes (4 ciudades)	200.000-500.000 habitantes (17 ciudades)	< 200.000 habitantes (96 ciudades)
Participantes	**2.683**	1.185	256	730	512
Acompañantes	**598**	115	91	259	133
Total	**3.281**	1.300	347	989	645

Fuente: Instituto de Turismo de España (Turespaña), 2004, *Estudios de Productos Turisticos*

Definiciones

Definición/objetivo de una reunión	Fuente
Toda reunión externa (inclusive convenciones, congresos, conferencias, seminarios, talleres y simposios) que congrega a personas con un objetivo común, a saber, intercambiar información. Este término define tanto las reuniones empresariales como las reuniones de asociaciones.	BECA (Consejo de Eventos Empresariales de Australia)
Evento en el que la principal actividad de los asistentes es tomar parte en sesiones educativas, participar en reuniones/debates, hacer vida social o asistir a otros eventos organizados. En este evento no existe el componente de las exposiciones.	CIC (Consejo del Sector de las Convenciones)
Una reunión es una congregación de un número de personas en un lugar, con miras a entablar consultas o realizar una actividad particular. Puede convocarse a propósito para el caso o según un patrón establecido.	Consejo de Enlace de Convenciones; CLC, 1993
El término "reunión" es un término general que indica la congregación de un número de personas en un lugar concreto, a fin de entablar consultas o de realizar una actividad particular. Frecuencia: puede organizarse a propósito para el caso o según un patrón establecido, como, por ejemplo, las reuniones generales anuales, las reuniones de los comités, etc.	ICCA (Asociación Internacional de Congresos y Convenciones); IAPCO
Una reunión es un evento que congrega a quince o más personas en el lugar durante seis horas como mínimo y con un programa establecido. Una reunión dura menos de dos días y no incluye pernoctación.	Hughes, 1988
Una reunión es un evento que congrega a varias personas con el propósito de intercambiar información y de tratar y resolver asuntos organizativos y técnicos. Suele ser un evento pequeño en el que muchas veces sólo participan unos pocos ejecutivos. Puede ser una reunión empresarial, un seminario, un simposio o un programa de formación.	Rutherford, 1990
Definición/objetivo de una conferencia	**Fuente**
1. Reunión participativa orientada al debate, la investigación, la resolución de problemas y las consultas. 2. Evento utilizado por una organización para reunir a varias personas e intercambiar opiniones, transmitir un mensaje, abrir un debate o difundir una opinión sobre una cuestión específica. Para convocar una conferencia no se requiere una tradición, continuidad o periodicidad. Aunque su duración no suele ser limitada, normalmente son cortas y tienen objetivos específicos. Suelen celebrarse a una escala más pequeña que los congresos.	CIC (Consejo del Sector de las Convenciones)
Reunión participativa orientada al debate, la investigación, la resolución de problemas y las consultas. En comparación con un congreso, una conferencia suele celebrarse a una escala más pequeña y tiene un carácter más selectivo –características que propician el intercambio de información. El término "conferencia" no tiene una connotación particular con respecto a la frecuencia. Aunque no tienen límite de tiempo en sí mismas, las conferencias suelen ser de duración limitada y tienen objetivos específicos.	ICCA (Asociación Internacional de Congresos y Convenciones); IAPCO
Reunión de dos o más personas para tratar un problema común.	IACVB (Asociación Internacional de Oficinas de Convenciones y Visitantes)

 - ISBN 978-92-844-1197-9

Definición/objetivo de un congreso	**Fuente**
1. Congregación periódica de grandes grupos de personas, normalmente para tratar un tema particular. Por lo general, un congreso dura varios días y tiene varias sesiones simultáneas. El lapso de tiempo entre los congresos suele establecerse antes de la fase de ejecución, y pueden ser plurianuales o anuales. La mayoría de los congresos internacionales o mundiales son plurianuales, mientras que los congresos nacionales suelen celebrarse anualmente. 2. Reunión de una asociación de delegados o representantes de organizaciones constitutivas. 3. Término europeo para convención.	CIC (Consejo del Sector de las Convenciones)
Definición/objetivo de una convención	**Fuente**
Evento en el que la principal actividad de los participantes es asistir a sesiones educativas, tomar parte en reuniones/debates, hacer vida social o asistir a otros eventos organizados. Las exposiciones son un componente secundario de las convenciones.	CIC (Consejo del Sector de las Convenciones)
Congregación de delegados, representantes y miembros de una organización con un objetivo común. Reunión general y formal de un organismo legislativo, o de un grupo social o económico, para proporcionar información sobre una situación particular y para que los participantes alcancen un acuerdo sobre políticas. Por lo general, tienen un límite de tiempo y unos objetivos concretos, pero su frecuencia no suele ser determinada.	IACVB (Asociación Internacional de Oficinas de Convenciones y Visitantes)
Definición/objetivo de un viaje de incentivo	**Fuente**
El término "viajes de incentivo" se refiere a un instrumento global de gestión que recurre a una experiencia de viaje excepcional para motivar a los participantes y/o reconocer su alto nivel de rendimiento en apoyo de otros instrumentos organizativos.	SITE (Sociedad de Ejecutivos de Incentivos y Viajes), 2000.
Evento que incluye reuniones como parte de un programa que se ofrece a sus participantes para recompensarles por un trabajo realizado anteriormente.	ICCA (Asociación Internacional de Congresos y Convenciones); IAPCO
Definición/objetivo de una asociación	**Fuente**
Aquélla en la que el organizador representa a una asociación integrada por miembros de más de una entidad, que podría incluir clubes deportivos y de servicios.	Tourism Australia (SITE Incentive Magazine, octubre de 1996; Tourism Australia Market Insights Unit Buyer In-Depth Interviews Dreamtime, septiembre de 2001)
Grupo organizado de personas y/o empresas que se unen con un objetivo común, normalmente atender las necesidades de sus miembros. Por lo general no tienen ánimo lucrativo.	CIC (Consejo del Sector de las Convenciones)
Grupo de personas o empresas que sirven colectivamente los intereses de sus miembros que no pueden atenderse eficazmente mediante la acción individual.	ASAE (Sociedad Americana de Ejecutivos de Asociaciones)
Organización de personas con un objetivo común.	IACVB (Asociación Internacional de Oficinas de Convenciones y Visitantes)

Definición/objetivo de una empresa	Fuente
Aquélla en la que el organizador representa a una entidad comercial.	Tourism Australia (SITE Incentive Magazine, octubre de 1996; Tourism Australia Market Insights Unit Buyer In-Depth Interviews Dreamtime, septiembre de 2001)
Definición/objetivo de una organización gubernamental	**Fuente**
Aquélla en la que el organizador representa a un organismo o empresa estatal, del gobierno local o de la Commonwealth.	Tourism Australia (SITE Incentive Magazine, octubre de 1996; Tourism Australia Market Insights Unit Buyer In-Depth Interviews Dreamtime, septiembre de 2001)
Definición/objetivo de una organización no gubernamental	**Fuente**
Están organizadas por o para federaciones, asociaciones profesionales, universidades y ONG.	OMT (Organización Mundial del Turismo)
Una ONG es una organización establecida y dirigida por un grupo de ciudadanos privados con un propósito filantrópico determinado, y apoyada por contribuciones individuales voluntarias.	Modelo de la OMT 2000; Responsabilidad de las ONG
Término utilizado por las "Naciones Unidas" para designar una organización sin ánimo de lucro.	ASAE (Sociedad Americana de Ejecutivos de Asociaciones)

Definiciones del CIC (Consejo del Sector de las Convenciones)

Exposición empresarial	Exposición institucional que narra la historia de la empresa sin ánimo de comercializar el producto o servicio.
Reunión empresarial	Reunión de trabajadores o de representantes de una organización comercial. Por lo general, se exige la asistencia, y la organización cubre la mayoría de los gastos de viaje, alojamiento y comida.
Planificador empresarial	Planificador de una reunión que trabaja para una empresa.
Tarifa de empresa	Tarifa especial para habitaciones u otros bienes y servicios que se ofrecen a los viajeros de negocios. Estas tarifas pueden variar en función de las empresas, dependiendo del acuerdo negociado.
Feria empresarial	Exposición organizada por una empresa en la que sólo se muestran los bienes y servicios que ofrece dicha empresa o sus socios de márketing. No participan empresas competidoras.
Viajes de empresa	Segmento de mercado integrado por grupos o personas que trabajan en una empresa determinada y que viajan por motivo de negocios a expensas de la empresa.
Asociación	Grupo organizado de personas y/o empresas que se unen con un objetivo común, generalmente atender las necesidades de sus miembros. Por lo general no tienen ánimo de lucro.
Acuerdo de asociación	1) Contrato sindical que abarca empresas y sindicatos que negocian a nivel zonal. 2) Contrato sindical negociado por un grupo de empleadores a través de una asociación de empleadores con el sindicato que representa a sus trabajadores.
Caseta/pabellón de asociación	Caseta o pabellón en el que una asociación proporciona información sobre su propósito y servicios a miembros reales y potenciales.
Reunión de asociación	Evento organizado por una asociación.
Personal de asociación	Persona que trabaja para una asociación.
Reunión gubernamental	Evento cuyos asistentes son funcionarios, funcionarios elegidos o proveedores de servicios a entidades gubernamentales.
Conferencia gubernamental	Eventos técnicos o políticos entre gobiernos celebrados para abordar temas de interés nacional o internacional.

Ejemplo de identificación de un lugar de reunión extraído del estudio *National Business Events Study* (NBES)

En 2005, el Centro Australiano de Investigación Cooperativa sobre Turismo Sostenible realizó un estudio titulado *National Business Events Study* (NBES), que se trata de un estudio nacional del sector de los eventos empresariales.

Los objetivos principales del NBES fueron los siguientes:

- Ofrecer una evaluación del sector en relación con su:
  - Tamaño
  - Contribución económica
- Proporcionar más conocimientos sobre los procesos de toma de decisiones de los delegados/asistentes en el sector de los eventos empresariales, y
- Facilitar indicadores clave para hacer un seguimiento de los resultados del sector de los eventos empresariales en años ulteriores.

En el estudio sólo se incluyeron lugares de reunión miembros de una oficina de convenciones. Esto se consideró demasiado restrictivo, ya que existen muchos lugares de reunión para eventos comerciales que no son miembros de una oficina de convenciones, especialmente en zonas regionales. Por consiguiente, se decidió ampliar la gama de lugares de reunión incluidos en el NBES, pero se excluyeron de dicho estudio las siguientes categorías de lugares de reunión, al considerar que los eventos empresariales no eran una parte fundamental de sus actividades globales:

- salones de actos de comunidades metropolitanas, salones de actos de escuelas
- clubes de bolos, salones de actos de centros scout
- clubes RSL
- moteles, apartamentos equipados, apartamentos
- restaurantes
- cruceros, barcos
- centros acuáticos y de ocio, pequeños clubes deportivos
- pensiones, casas rurales
- marquesinas.

Estas exclusiones fueron objeto de largos debates entre los miembros del comité directivo, debido a las grandes diferencias que existían entre los estados y, más en particular, entre las ciudades capitales y las zonas regionales. Sin embargo, se llegó finalmente a un acuerdo con respecto a las exclusiones arriba mencionadas, al objeto de asegurar la comparabilidad de los resultados. Debería señalarse que, dado que sólo se incluyeron en el estudio los lugares de reunión comerciales, no se contemplaron en el mismo muchas reuniones celebradas en oficinas de empresas y lugares similares. También debe señalarse que sólo se incluyó el lugar en el que se celebró la reunión, y no cualquier lugar que pueda haber acogido eventos sociales asociados. Fue importante excluir estos últimos para evitar un doble recuento.

Fuente: Deery, M., Jago, L., Fredline, L. and Dwyer, L. (2005), *National Business Events Study: An Evaluation Of The Australian Business Events Sector*, Common Ground, Melbourne.

Categorías de la ICCA (Asociación Internacional de Congresos y Convenciones)

A: Agencias de viajes de congresos, y empresas de gestión de destinos. Éstas se ocupan de los preparativos en tierra o de la organización de los vuelos para los delegados de las conferencias.

B: Compañías aéreas y alianzas de compañías aéreas. El código abarca los departamentos encargados de vender y promover viajes combinados especiales de conferencias para grandes eventos; variaciones considerables entre el tamaño y las funciones de estos departamentos, o incluso si son un departamento independiente o parte de un departamento "de asociaciones". Los gastos en vuelos de los delegados representan una gran parte del valor del sector, pero no existen estimaciones fidedignas que permitan determinar su magnitud, ya que las compañías aéreas no segmentan los viajes en función del motivo de la visita.

C: Organizadores profesionales de congresos (OPC). Los OPC suelen ocuparse de las reuniones de asociaciones internacionales, pero las empresas más grandes de OPC también se encargan de eventos empresariales. Otros tipos de intermediarios (que se unirían a la ICCA como parte de este grupo si tuvieran que solicitar su ingreso en el mismo) incluyen las agencias encargadas de buscar lugares de reunión; las agencias de conferencias (especializadas en eventos empresariales); las empresas de producción, y las agencias de márketing y comunicación. Podría utilizarse el término general "empresas organizadoras de eventos".

En realidad, los organizadores de exposiciones deberían ser un segmento totalmente diferente; sólo tenemos a aquellos que organizan exposiciones para el sector de las reuniones (véase más abajo para consultar los tipos del sector de las reuniones que no representamos).

D: Oficinas de convenciones y juntas de turismo. Éstas incluyen organismos nacionales y urbanos responsables de comercializar los destinos. Podrían ser organizaciones del sector público, del sector privado o, lo que es más frecuente, organizaciones asociativas en la que colaboran los sectores público y privado. Muchas veces tienen la responsabilidad de comercializar el turismo de ocio, así como las empresas de reuniones.

E: Especialistas técnicos y especialistas en información sobre reuniones. Esta categoría de miembro de la ICCA abarca una amplia gama de proveedores, entre los que destacan las siguientes agrupaciones: publicaciones comerciales y medios de comunicación que tratan diferentes aspectos del sector de las reuniones; empresas de tecnología de la información que producen programas especializados o equipo electrónico para las reuniones; equipo no electrónico, como sistemas de asientos o constructores de casetas para exposiciones; y consultores y empresas, y empresas de representación y de márketing.

F: Hoteles de reuniones. Éstos incluyen hoteles especializados que cuentan con grandes instalaciones para reuniones.

G: Centros de convenciones y exposiciones. Éstos incluyen una amplia gama de lugares de reunión, que abarcan desde palacios históricos remodelados hasta enormes palacios de convenciones construidos con tal fin, incluidas instalaciones universitarias y algunas propiedades que sirven tanto de hotel como de centro de convenciones.

Los tipos de proveedores no representados en la ICCA incluyen los siguientes:

- agencias especializadas en viajes de incentivo
- organizadores de exposiciones
- contratistas de exposiciones
- oficinas de oradores
- ocio empresarial
- empresas de restauración
- hoteles más pequeños que acogen muchas reuniones pero que no se consideran a sí mismos especialistas en reuniones

Y los planificadores internos no están representados:

- planificadores empresariales internos
- planificadores internos de asociaciones y de organizaciones sin ánimo de lucro (ONG, gobierno)

Ejemplos de cuestionarios para recopilar datos pertinentes

Cuestionario 1: Encuesta sobre el lugar de reunión

1. ¿Dónde está su lugar de reunión? Ciudad [ ]
   Estado/región [ ]

2. ¿Cuántas "reuniones" en **total** albergó su lugar de reunión durante ese período? (propóngase que el período de acopio de datos sea un mes o un trimestre) [ ]

   Del número total de "reuniones", ¿cuántas fueron reuniones **gubernamentales?** [ ]

   ¿Cuántas fueron reuniones de **asociaciones?** [ ]

   ¿Cuántas fueron reuniones de **empresa?** [ ]

   Del número total de "reuniones", ¿cuántas fueron fundamentalmente **conferencias?** [ ]

   ¿Cuántas fueron fundamentalmente **exposiciones?** [ ]

   Del número total de "reuniones", ¿cuántas fueron reuniones de un día o menos de duración? [ ]

   ¿Cuántas fueron de más de un día? [ ]

   Del número total de "reuniones", ¿cuántas fueron reuniones **pequeñas?** (menos de 100 delegados) [ ]

   ¿Cuántas fueron reuniones **medianas?** (100 – 500 delegados) [ ]

   ¿cuántas fuero reuniones **grandes?** (más de 500 delegados) [ ]

3. ¿Cuál fue el número **total** de delegados en estas "reuniones"? (todos los delegados en todas las reuniones) [ ]

   Del número total de delegados, ¿cuántos asistieron a reuniones **gubernamentales?** [ ]

   ¿Cuántos asistieron a reuniones de **asociaciones?** [ ]

   ¿Cuántos asistieron a reuniones de **empresa?** [ ]

Del número total de delegados, ¿cuántos asistieron a **conferencias?** [ ]

¿Cuántos asistieron a **exposiciones?** [ ]

Del número total de delegados, ¿cuántos asistieron a "reuniones" de un día o menos de duración? [ ]

¿Cuántos asistieron a reuniones de más de un día? [ ]

4. ¿Cuántas personas puede acoger su lugar de reunión, incluyendo todas las instalaciones para "reuniones"? [ ]

5. ¿Cuántas personas puede acoger su superficie más grande, es decir, cuántos delegados puede acoger una sola superficie? [ ]

6. ¿Qué categoría describe mejor su lugar de reunión?

[ ] Centro de conferencias/exposiciones construido a tal efecto

[ ] Hotel grande (más de 50 habitaciones) con instalaciones para reuniones

[ ] Hotel pequeño (menos de 50 habitaciones) con instalaciones para reuniones

[ ] Otros ______________________

Cuestionatio 2: Encuesta a los organizadores

1. ¿Dónde se celebró esta "reunión"?

Ciudad	
Estado/region	

2. ¿Qué categoría describe mejor esta "reunión"?

- ☐ Conferencia/convención con cuotas de inscripción
- ☐ Conferencia/convención sin cuotas de inscripción
- ☐ Exposición/feria comercial
- ☐ Viaje de incentivo

3a. ¿Cuántos delegados en total asistieron a esta "reunión"?	
3b. ¿Cuántos delegados procedían del área local, es decir, de la ciudad en la que se celebró su "reunión"?	
3c. ¿Cuántos delegados procedían de una región diferente del país anfitrión?	
3d. ¿Cuántos delegados eran extranjeros?	

4. ¿Qué categoría describe mejor la celebración de esta "reunión", es decir, la organización que contrató su empresa para que organizara la "reunión"?

- ☐ Gobierno
- ☐ Asociación
- ☐ Empresa
- ☐ Otros ____________________

5. ¿Cuántos días duró su "reunión"? Días u horas ☐
Si duró menos de un día, indique cuántas horas

6. Al organizar esta "reunión", ¿cuánto dinero gastó usted (o la organización anfitriona) en cada una de las siguientes categorías?

Alquiler del lugar de reunión	$
Comida y bebida	$
Equipo/producción/costos técnicos	$
Administración	$
Publicidad y promoción de la reunión	$
Orador principal y otros asistentes patrocinados	$
Seguro	$
Otros ____________________	$
Gastos totales	**$**

7. Al organizar esta "reunión", ¿cuánto dinero recibió usted (o la organización anfitriona) para cada una de las siguientes categorías?

Cuotas de inscripción de los delegados	$
Cuotas de inscripción de los expositores	$
Patrocinio	$
Publicidad	$
Contribuciones de la organización anfitriona o de otros afiliados	$
Apoyo financiero (por ejemplo, del gobierno, de la oficina de convenciones)	$
Eventos sociales (por ejemplo, cena oficial, recepción)	$
Otros ______________________________	$
Ingresos totales	**$**

Cuestionario 3: Encuesta a los delegados

(Incluidos los delegados de las conferencias y los visitantes de las ferias comerciales)

1. ¿Cuál es su lugar de residencia habitual?

Ciudad	
Estado/región	
País	

2. ¿Viajó más de 40 km para asistir a esta "reunión"?

Sí	
No	

3. ¿Permaneció fuera de casa al menos una noche para asistir a esta "reunión"?

Sí	
No	

4a. ¿Cuántas noches **en total** permaneció fuera de casa durante este viaje?	
4b. ¿Cuántas noches permaneció fuera de casa debido a su asistencia a la "reunión"?	
4c. ¿Cuántas noches adicionales pasó en la ciudad anfitriona?	
4d. ¿Cuántas noches adicionales pasó en otras regiones de camino a la ciudad anfitriona o al salir de la misma?	

5a. ¿Le acompañó alguien en este viaje que **no** asistió a la "reunión"?

Sí (vaya a la pregunta 6)	
No (vaya a la pregunta 7)	

6. ¿Cuántas personas le acompañaron?

Adultos (sin incluirse a usted)	
Niños	

7. ¿Podría estimar sus gastos en relación con su participación en la conferencia/feria comercial/reunión en cada una de las siguientes categorías? Incluya el dinero que gastó personalmente **más** el dinero que gastó su empleador/empresa.

Gastos totales en cuotas de inscripción a la reunión (incluir componentes adicionales)	$
Alojamiento	$
Compras (por ejemplo, recuerdos, ropa, artículos de aseo, etc.)	$
Transporte de larga distancia (desde la ciudad en la que vive hasta la ciudad anfitriona, por ejemplo, transporte aéreo, tren o autocar para viajes de larga distancia, costos de gasolina si viajó en automóvil)	$
Transporte local (en la ciudad anfitriona, por ejemplo, taxis, transporte público local, alquiler de automóviles)	$
Comida y bebida comprada en restaurantes, cafeterías y bares	$
Comida y bebida comprada en comercios minoristas (por ejemplo, supermercados)	$
Ocio (por ejemplo, teatro, cine)	$

Visitas turísticas (por ejemplo, excursiones a lugares de interés)	$
Otros____	$
Gastos totales	**$**

8. ¿Están relacionados con usted los gastos arriba mencionados o incluyen gastos incurridos por o para las personas que le acompañaron?

☐ Sólo conmigo

☐ Incluyen a las personas que me acompañaron

Cuestionario 4: Encuesta a los expositores

1. ¿Cuál es su lugar de residencia habitual?

Ciudad	
estado/región	
País	

2. ¿Viajó más de 40 km para asistir a esta "reunión"?

Sí	
No	

3. ¿Permaneció fuera de casa al menos una noche para asistir a esta "reunión"?

Sí	
No	

4. ¿Podría estimar sus gastos en relación con cada una de las siguientes categorías asociados con su exposición? Incluya el dinero que gastó personalmente **más** el dinero que gastó su empleador/empresa.

Alquiler de superficie como espacio de exposición	$
Costos de construcción de la caseta	$
Alquiler de equipo	$
Electricidad/iluminación	$
Publicidad/promoción	$
Contratación de personal temporal	$
Material en exposición	$
Transporte	$
Otros ______________________________	$
Gastos totales	**$**

5. ¿Podría estimar sus gastos de viaje en relación con cada una de las siguientes categorías? Incluya el dinero que gastó personalmente **más** el dinero que gastó su empleador/empresa.

Alojamiento	$
Compras (por ejemplo, recuerdos, ropa, artículos de aseo, etc.)	$
Transporte de larga distancia (desde la ciudad en la que vive hasta la ciudad anfitriona, por ejemplo, transporte aéreo, tren o autocar para viajes de larga distancia, costos de gasolina si viajó en automóvil)	$
Transporte local (en la ciudad anfitriona, por ejemplo, taxis, transporte público local, alquiler de automóviles)	$
Comida y bebida comprada en restaurantes, cafeterías y bares	$
Comida y bebida comprada en comercios minoristas (por ejemplo, supermercados)	$
	$
Ocio (por ejemplo, teatro, cine)	$
Excursiones (por ejemplo, visitas panorámicas)	$
Otros ______________________________	$
Gastos totales	**$**

Bibliografía

Asociación Internacional de Congresos y Convenciones (ICCA) (2004), *Statistics Report. International Association and Corporate Meetings Market,* Países Bajos

Asociación Internacional de Congresos y Convenciones (ICCA), datos de la sobre 2004, *Statistics Report – International Association and Corporate Meetings Market 2003* (09-6-2004) [en línea], disponible en: http://www.tourism.australia.com/BTEvents.asp?sub=0295 (20-5-2005)

Autoridad Británica de Turismo (2001), *Estimating the Direct Expenditure Benefits of Conferences to a Local Area*

Autoridad Británica de Turismo (2003), *British Conference Venues Survey 2003*

Autoridad de Turismo de Malta (2003), *The Conference and Incentive Travel Market in Malta for the Years 2000-2001,* Malta

Brookings Institute (2005), *The Realities of Convention Centres as Economic Development Strategy*

Comisión Canadiense de Turismo (2002), «Study Summary»,*US Business Traveller to Canada,* octubre de 2002

Deery, M., Jago, L., Fredline, L. y Dwyer, L. (2005), *National Business Events Study: An Evaluation Of The Australian Business Events Sector,* Common Ground, Melbourne (Australia)

France Congres (2003), *Survey of Economic Benefits,* disponible en: http://www.france-congres.org (30-8-2005)

Heath, E., Pretorius, T. y Fairer-Wessels, F. (2005), «Executive Summar», *EXSA Extension 3 Research Study,* Universidad de Pretoria, Pretoria

Incentive Federation Inc. (2003), «Incentive Federation Survey of Motivation and Incentive Applications», *Federation Study 2003,* Centre for Concept Development Ltd.

Instituto de Turismo de España (2003), *Estudio del mercado de reuniones en España – 2004,* Madrid

Junta Nacional de Turismo de España (2004), *Estudios de productos turísticos*

Kim, S., Chon, K. y Chung, K. (2003), «Convention Industry in South Korea: An Economic Impact Analysis», *Tourism Management,* 24, pp. 533-541

Meeting Professionals International (MPI) (2004), *FutureWatch 2004,* Colin Rorrie, Mississippi

Ministerio de Turismo y Recreación de Ontario (2005), *The Economic Impact of Business Conventions in Toronto in 2002,* Toronto

Oficina de Convenciones de Finlandia (2005), *The World of Meeting Statistics,* Presentación por Tuula Lindberg, Escuela de Verano EFCT (Malta)

Oficina de Convenciones de Sri Lanka (2004), «The MICE Report», *Boletín de Investigación de la Oficina de Convenciones de Sri Lanka*

Organización Mundial del Turismo (OMT) (2001), *Cuenta Satélite de Turismo: Recomendaciones sobre el marco conceptual.* Organización Mundial del Turismo, Comisión de las Comunidades Europeas-EUROSTAT, Organización para la Cooperación y el Desarrollo Económico (OCDE) y División de Estadística de las Naciones Unidas

Organización Mundial del Turismo (2004), *Tendencias de los mercados turísticos,* OMT, Madrid

Organización Mundial del Turismo (2005), «Informe introductorio de base: El mercado de congresos y convenciones en las Américas», *Seminario internacional sobre el turismo de convenciones y congresos y el turismo de negocios,* OMT, Chile, 25-26 de mayo de 2005

Sociedad de Ejecutivos de Incentivos y Viajes (2004), disponible en: http://www.site-intl.org/ (25-10-2005)

Successful Meetings (2005), *2005 State of the Industry Report,*Nueva York

Sultan, E., Ditzian, I., y Darsa, J. (2002), «Characteristics of Conference Tourism in Israel», *6th International Forum on Tourism Statistics,* Budapest, 25-27 de septiembre

Tourism Australia (2005), *Business Events,* presentación por Meg Yeates, 27 de julio de 2005, Sydney

Unión de Asociaciones Internacionales (UIA) (2003), disponible en: http://www.uia.org/statistics/press/press03.pdf (30-8-2004)

Weber, K. y Chon, K. (2002), «Convention Tourism. International Research and Industry Perspective», *The Haworth Hospitality Press,* Nueva York

Weber, K. y Ladkin, A. (2004), «Trends Affecting the Convention Industry in the 21st Century», *Journal of Convention & Event Tourism,* 6 (4), pp. 47-63.

Lista de abreviaturas

Acrónimo	Significado
CCP	Clasificación Central de Productos
CEIR	Centro de Investigación para el Sector de las Exposiciones
CIC	Consejo del Sector de las Convenciones
CIIU	Clasificación Industrial Internacional Uniforme
CST	Cuenta Satélite de Turismo
IACVB	Asociación Internacional de Oficinas de Convenciones y Visitantes
IAPCO	Asociación Internacional de Organizadores Profesionales de Congresos
ICCA	Asociación Internacional de Congresos y Convenciones
MIAA	Meetings Industry Association of Australia (ahora "Meetings and Events Australia")
MPI	Meeting Professionals International
OMT	Organización Mundial del Turismo
PIB	Producto Interno Bruto
SCN	Sistema de Cuentas Nacionales
SITE	Sociedad de Ejecutivos de Incentivos y Viajes
STCRC	Sustainable Tourism Co-operative Research Centre
UIA	Unión de Asociaciones Internacionales
VBA	Valor Bruto Añadido

 - ISBN 978-92-844-1197-9